모금의 비밀, 나팀장 보고서

아르케

국립중앙도서관 출판예정도서목록(CIP)

모금의 비밀, 나팀장 보고서 / 지은이: 이재현. -- 홍천군 :
아르케, 2014
    p. ;   cm

ISBN 978-89-5803-137-6 03330 : ₩12000

모금[募金]
모금 활동[募金活動]

338.1-KDC5
361.3-DDC21   CIP2014020168

모금의 비밀, 나팀장 보고서

1판 1쇄 펴냄 2014년 7월 18일
지은이 이재현
펴낸이 이형진
펴낸곳 도서출판 아르케
출판등록 1999. 2. 25. 제2-2759호
주소 강원도 홍천군 내촌면 와야리 300-4
대표전화 (02)336-4784~6 | **팩스** (02)6442-5295
E-Mail arche21@gmail.com | **Homepage** www.arche.co.kr

값 12,000원
© 이재현, 2014
ISBN 978-89-5803-137-6 03330

이 책에 묘사된 상황은 특정 단체를 묘사한 것이 아닙니다. 국내외 다양한 단체의 상황을 종합해 극화(劇化)한 것임을 분명히 밝히며 이에 관한 오해가 없으시기를 바랍니다.

모금의 맛

'나팀장보고서'

글·그림 이 재 현

아르케

등장인물

나갈길 (나팀장)

사회에서 다양한 경험을 한 후 사회복지법인 <모아모아> 중앙본부의 모금팀장이 되었다. 나팀장은 다양한 조직과 낯선 환경에서도 늘 모금에 대해 고민했다.

박진정

나팀장과는 시민단체 <에코개코>에서 입사동기로 만나 대부분의 사회생활을 나팀장과 함께 하게 된다. 둘은 일상적으로 조언을 주고 받으며 함께 성장한다.

박본부장

사회복지법인 <모아모아>에서 나팀장에게 많은 조언을 하는 직속상관이다. 합리적 사고방식의 소유자이나 우리사회 일반적인 기성세대 관점을 보여준다.

<한모금떠주라> 오대포

나팀장의 의뢰로 <모아모아>의 컨설팅을 수행하며 외부인으로서의 조언을 아끼지 않는다.

저자서문

나팀장 보고서가
세상에 나오기까지

안녕하세요?
지은이 이재현입니다.

<나팀장 보고서>는 저의 자전적 소설입니다. 그런데 그냥 소설이 아니라 모금교육의 교재로 활용할 수 있도록 기획된 사례모음집(case book)입니다. 이론과 기법을 가르치는 일반적인 교육에서가 아닌, 주어진 상황에 따라 토론하며 대처하는 능력을 키움으로써 사고하는 힘, 기획하는 힘을 길러주는 교육의 교재입니다.

저는 90년대 후반, 시민단체로부터 사회생활을 시작해 마케팅 회사, 대기업, 사회복지법인 그리고 현재 몸담고 있는 글로벌 모금단체까지 상이한 영역에서 사회경험을 했습니다. 어디에서 일을 하든 늘 비영리조직의 성장을 위해 고민하다, 2009년 사회복지공동모금회에 결

합하며 그 동안 꿈꿔오던 것을 구체적으로 실행하기 시작했습니다. 사회생활 전반에 걸쳐 겪었던 도전과 실패, 교훈들, 또 성취했던 성공과 피할 수 없었던 시행착오의 모든 사례들을 '모금'이라는 프레임으로 재구성해보자 생각했지요.

90년대 후반부터 비영리조직에 관한 많은 교육을 저는 경험했습니다. 그중에서도 백미는 역시 모금교육이었습니다. 그런데 많은 사람들이 모금의 기법과 테크닉에만 주목하는 것을 보아 왔습니다. 그리고 한 두 개의 성공사례에 열광하는 것도 봤습니다. 우리 현실과 동떨어진 해외 이론에 매료되는 사람들도 있었습니다. 대체적으로, 교육은 성실하게 들었는데 적용은 안 된다는 사람이 많았던 것 같습니다. 왜 그럴까요? 왜 교육과 적용은 별개의 문제가 되었을까요? 많은 모금교육들이 '남의 이야기'로 구성되었기 때문입니다.

성공적인 모금을 위해서는 자신의 이야기를 만들어내는 힘이 필요합니다. 성공적인 모금은, 자기가 처한 환경에서 자신이 속한 단체의 미션을 기반으로, 자신과 연결된 이해관계자들로부터 시작되기 때문입니다. 그런데 이런 능력을 배양하려면 흔히 경험해왔던 일반적인 교육만으로는 불가능합니다. 기획력 강의 한 번 들었다고 기획력이 단번에 향상될 수 없는 이유와 같습니다. 그래서 고민했습니다.

결론은 사례기반(case based learning) 학습입니다. 모금에 얽힌 수많은 상황(case)을 놓고 해결책을 찾아갑니다. 내가 직접 겪은 경험이 아니라도 타인의 경험을 살펴보며 문제해결 능력을 키워가는 것입니다. 사례기반학습은 소통과 협업을 통해 진행됩니다. 사고해야만 풀어갈 수 있습니다. 스스로 찾고 깨닫는 자기주도적 학습입니다. 이 작업이 반복될 때, 자신에게 주어진 어떤 상황이라도 모금계획을 효과적으로 수립하며 성공적으로 수행할 수 있습니다.

교육시간에 강사는 방향은 알려주되 답을 주지 않습니다. 모금을 둘러싼 환경에는 하나의 정답이 아닌 수많은 해답이 기다리고 있기 때문입니다. 우리를 둘러싼 사회 환경은 충분히 복잡하기 때문에 하나의 정답만이 있는 것이 아닙니다. 혼자서 해결할 수 없는 문제도 많습니다. 그 상황 속에서 함께 답을 찾아감으로써 모금에 대한 전략적 사고를 키워가는 훈련은 그래서 필요합니다. 모금이란 누군가에게 배우고 가르친다고 되는 게 아니라 스스로 익혀가야 하는 것이기 때문입니다. <나팀장 보고서>는 그것을 돕기 위한 효과적인 도구입니다. 이제 우리사회의 비영리 영역도 일방적 교육과 같은 방식에서 탈피할 때가 됐다고 봅니다.

저는 <나팀장 보고서>를 준비하며 제 개인의 스토리를 어설피 일반화시키지 않으려고 노력했습니다. 저만의 경험만으로도 매력적인 컨텐츠를 구성할 수는 있겠지만 그것이 누구에게나 수용되는 일반적인 교육내용이 되려면 그것만으로는 부족하다고 생각했습니다. 하여, 3년간의 준비기간 동안 수많은 사람들을 만나며 사례를 수집했고 수

십 권의 국내외 서적을 통해 성공적인 모금의 공통적인 원리를 추출했습니다. 10개국 이상의 국가를 방문하며 미국 뿐아니라 유럽과 아시아 지역의 모금사례를 비교하는 과정도 있었습니다. 이런 학습과 경험을 집대성하여 읽기 좋은 하나의 스토리로 구성한 것이 바로 <나팀장 보고서>입니다. <나팀장 보고서>는 그렇게 세상에 나오게 되었습니다.

멋진 이론의 일방적 설명보다는 살아있는 경험의 공유를, 화려한 성공사례의 나열보다는 스스로 교훈을 얻을 수 있는 실패사례를, 하나의 정답보다는 수많은 해답을, 전달과 전수보다는 스스로 만들어가는 학습을, 기법과 테크닉 보다는 전략적 사고와 관점을, 더 열심히 하라는 말보다는 왜 안 되는지 도와주는 교육을, 그런 교육을 만들고 싶었습니다. 이러한 교육의 교재로써 <나팀장 보고서>를 작성했지만 그저 읽어 내려가는 것만으로도 모금에 대해 충분한 사고와 고민을 해볼 수 있을 것입니다. 교육이 종료된 후, '아 정말 되는구나! 정말 효과가 있네!' 하는 그 마음.. 저는 그 마음을 얻고 싶습니다.

2014. 7월.
지은이 **이 재 현**

목차

저자 서문 ··· 6

- 시민단체에서 첫 경험, 좌충우돌 모금 탐험기 ······ 21
- 마케팅의 현장을 경험하다 ································· 37
- 꿈꾸던 금의환향, 그러나 계속되는 시행착오 ······ 55
- 비영리조직의 힘, 전략기획이란 무엇인가? ·········· 65
- 모금과 맨파워의 그 오묘한 관계 ························ 87
- 모금의 바다로 ··· 117
- 모금의 성공요인 거버넌스와 윤리 ···················· 153
- 더 넓은 세상 속으로 ··· 165
- 모금의 비밀을 담은 나팀장 보고서 ··················· 185

햇빛을 마주 받으려고
창 앞에 다가앉은 나는
원고지 위로 몸을 수그렸다.

그것은 백지가 아니라
내 얼굴이 보이는 거울이었다.
나는 내가 쓰는 모든 글은
고백이 되리라고 믿었다.

니코스 카잔차키스 '영혼의 자서전', 1956

최근 나팀장은 잠 못 이루는 밤이 많아졌다.

퇴근 후 자리에 누워도 쉽게 잠에 들 수가 없다.

그는 사회복지법인 <모아모아>의 중앙본부 모금팀 팀장이다.

대학을 졸업한 후 지금까지 10년 이상 비영리 분야에서 한 길만 바라보고 달려왔다.

사회는 변했고 상황은 많이 달라졌다. 사회복지가 주목받지 못하던 척박한 시절을 거쳐 지금까지 왔다.
누구나 사회복지를 말하는 시대.. 그러나 풍요 속의 빈곤이란 이런 것일까..

그는 과거를 회상하고 있다.

좋은 시절도 있었다.
그가 사회생활을 시작했던 90년대 중반이었다.

사람들에게
기부를 요청하는 것이
그 때가 더 쉬웠다.

사람들은 우리를 보며
좋은 일 한다며 얼마씩 보태주곤 했었다.

회원가입은 끊이지 않았고
기부하겠다는 사람을 찾아내는 일도
노력한 만큼의 결과가 반드시 보였다.

10년이 지난 지금...

사람들은 피로감을 느끼는 것 같다.
유사한 단체는 우후죽순 생겨났고
기부금 요청을 기피하는 사람들이 많아졌다.

자선시장의 경쟁은 더 치열해졌고
유사단체는 급증했다.
정부의 지원금도 줄어 들었다.

10개의 지부를 거느리고 있는
<모아모아>의 본부
모금팀장으로서
그는 어디로 가야할지 조차
모르고 있는 상황이다.

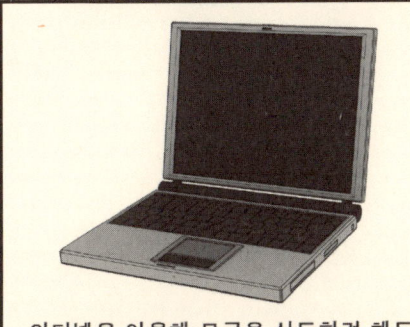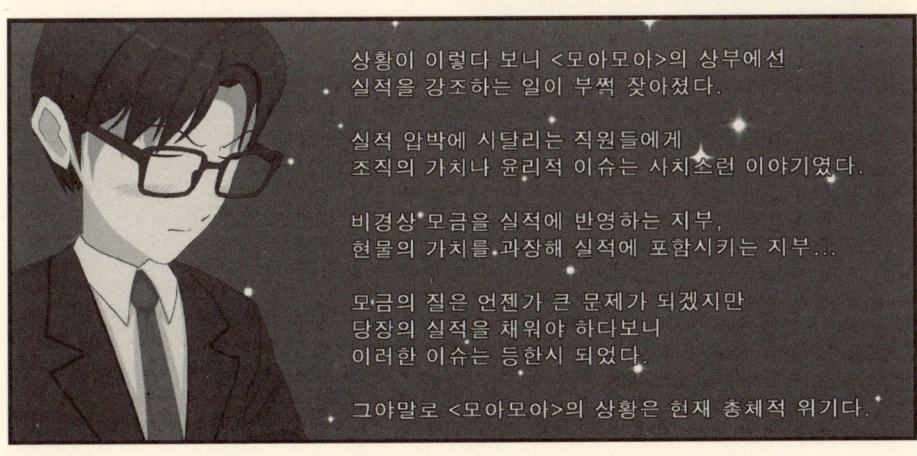

> 그랬다.
> 최근 나팀장은
> 잠 못 이루는 밤이
> 많아졌다.
> 자리에 누워도
> 사무실 걱정에
> 쉽게 잠들 수가 없다.

나팀장은 사회복지법인 〈모아모아〉의 중앙본부 모금팀 팀장이다. 팀장이 된 지 벌써 3년. 대학을 졸업한 후 지금까지 10년 이상 비영리 분야에서 쉼 없이 달려왔다.

사회는 변했고 상황은 변했다. 사회복지가 주목받지 못하던 시절이 언제였나 싶을 정도로 사회복지는 이제 흔한 용어가 되었다. 단체의 이름만 대면 사업이 성사되던 시절이 있었다. 그가 처음 사회생활을 시작했을 90년대 중반이었다. 사람들에게 기부를 요청하는 것도 그때가 더 편했다. 좋은 일 한다면 묻지도 않고 얼마씩 쥐어주곤 했었다. 매월 1만원씩 후원하는 회원가입 권유도 수월한 편이었다.

그러나 십 수년이 흐른 후 지금, 그런 것들은 우리 주변에 너무나 많아졌다. 사방 어디에서나 자선단체나 비영리기관들은 사람들에게 기부금을 요구하고 있다. 동네 편의점에 들어가도 불우이웃을 돕자는 저금통이 누군가의 동전을 기다린다. 지하철 안에서는 시각장애인이 통로를 가로지르며 사람들에게 자선을 요청한다. 시내에서는 해외 구호단체의 거리 모금과 마주치는가 하면, 맞은 편에선 어떤 모금단체의 종소리가 들려온다. 월요일 저녁의 방송국에서는 눈물어린 영상으로 시청자들의 마음을 움직인 후 ARS번호로 행동을 유도한다. 대학교에서는 학교의 발전기금을 권유하는 전화가 온다. 안식을 위해 찾아간 교회에서도 얼마의 헌금을 내야할지 매주 고민하는 일은 또 하나의 일상이 되었다.

오늘도 많은 사람들은 세금 외에도 추가로 지출해야만 하는 일로 시달리고 있다. 그렇다고 해서 자선단체나 비영리기관들이 그만큼 풍족해진 것은 아니다.

나팀장은 오늘, 과거를 회상중이다. 나눔문화가 일반화된 것만큼 비영리단체들의 모금환경은 더욱 경쟁적이 되었고 운영은 힘들어졌다. 유사단체는 급증했고 정부지원금은 줄었다. 10개의 지부를 거느리고 있는 사회복지법인 〈모아모아〉의 중앙본부 모금팀 팀장으로서 그는 어디로 가야할지 조차 모르고 있다. 지부의 모금이 잘 돼야 모두가 산다는 것은 그의 모토였다. 지부가 잘 될 수 있도록 도와야 한다는 생각이 밤새도록 그의 머리를 맴돌았다.

'지금도 뼈 빠지게 현장을 돌고 있을 지부의 모금팀 직원들에게 어떤 방향을 제시해야 할 것인가?'

나팀장은 지역에 위치한 〈모아모아〉의 각 지부에 앞으로 나아갈 방향을 제시해 주기 위해 고민을 정리해 가기 시작했다. 그는 우선 자신이 처해 있는 환경을 둘러보기 시작했다.

개인모금은 정체기였다. 나눔문화가 일반화 되고 있다고 사람들은 말하지만 그것을 체감하기는 힘든 상황이었다. 자선시장이 전반적으로 커졌다고는 해도 경기침체와 경쟁기관의 확산으로 인해 나눠 갖는 파이는 오히려 작아졌다. 내부적으로도 원인은 있었다. 사람들은 더욱 새로운 것을 원하지만 〈모아모아〉는 그것을 좇아가지 못하고 있다. SNS모금을 시도하려 해도 상부에서는 SNS에 대한 이해가 부족했다.

기업모금의 전망도 그리 밝지 못했다. 기업의 사회공헌 활동이 증가추세라고 하나 기업들의 요구와 기준은 더 까다로워졌다. 까다로운 기업의 요구를 맞춰주지 못하는 〈모아모아〉는 기업에 끌려가고 있었다. 기업들은 〈모아모아〉를 배제한 채 자체사업을 하기 시작했으며 심지어 기업재단을 설립해 오히려 그들과 경쟁을 해야 하는 어처구니없는 상황이 연출되었다.

상황이 이렇다 보니 〈모아모아〉의 상부에서는 실적을 강조하는 일이 과거에 비해 부쩍 잦아졌다. 기부금의 성격과 질보다는 양만을 강조했다. 실적에 미치지 못한 부서나 지부는 인사조치를 당했다. 그러다보니 곳곳에서 부작용이 발생했다.

기부 받은 물품의 가치를 과도하게 높여 계산해 실적을 부풀리는 일이 발생했다. 작은 단체가 확보해 놓은 모금액을 가로채 오는 일도 발생했다. 재난모금 등 비경상 모금을 실적에 반영하는 일도 생겼다. 심지어 기부금을 약정한 기업을 사이에 놓고, 서로 자기 지역의 기업이라며 지부끼리 다툼을 벌이다가 그 기업이 실망하며 기부를 취소하는 일도 발생했다.

나팀장은 이러한 모든 부작용들이 걱정스러웠지만 모금의 질 때문에 그 양이 위축될까봐 이 문제를 당분간 덮어두기로 했다. 전체적으로 볼 때 〈모아모아〉의 상황은 총체적 위기였다. 자신을 둘러싼 주변 환경을 분석한 그는 이 상황에서 과연 무엇이 필요한지를 고민하기 시작했다.

시민단체에서
첫 경험, 좌충우돌
모금 탐험기

 벌써 10년도 더 된 일이다. 대학을 갓 졸업한 나갈길은 시민단체에서 사회생활을 시작했다. 대학시절 학생회장을 지냈던 그였기에 자연스럽게 시민단체에서 첫 발을 내딛게 되었다.
 그는 추운 겨울에 입사했고 첫 급여는 50만원이었다. 그러나 그는 행복했다. 꿈이 있었다. 그의 꿈은 시민단체 활동가로 성장해서 현실정치에 뛰어드는 일이었다. 그런 면에서 그 단체의 정책실에 배치된 것은 첫 단추치고는 꽤 운이 좋은 일이었다.
 그가 입사한 시민단체는 환경 감시활동을 주로 하는 〈에코개코〉였다. 환경(eco)을 지키는 경비견(개코)이 되자는 뜻의 단체였다. 그는 〈에코개코〉의 정책실에 배치되어 분주한 나날을 보내게 되었다.

그의 하루 일과는 대략 오전 대내적인 일과 오후의 대외적인 일로 나뉘어졌다. 오전에는 출근하자마자 신문 스크랩을 한다. 각종 언론에 발표된 〈에코개코〉의 관련 기사나 혹은 〈에코개코〉가 주장해오던 관련 이슈를 스크랩해서 선배들이 보기 편하게 취합 해 놓는다. 그리고는 정책토론에 들어간다. 정책토론에는 정책실장부터 관련 직원들이 참석하는데 이때 〈에코개코〉의 입장이 대부분 정해진다. 어떤 결정이 나면 그는 정책실의 담당자로서 〈에코개코〉의 정책적 입장을 담은 성명서를 작성한다. 이렇게 작성된 성명서는 실장과 사무총장의 결재를 받아 언론에 배포되는 것이다.

그리고 나면 12시 점심시간이다. 언론의 반응이 좋은 날은 식사 후 사무실에 복귀할 때쯤 기자들에게 전화가 걸려오기 시작한다. 〈에코개코〉의 성명서를 보고 구체적인 정책적 방향에 대해 더 알고 싶어 하는 문의전화들이다. 그는 십수통의 전화에 대해 일일이 응대한다. 혹 잘 모르는 것이 있으면 선배들에게 전화를 돌리기도 한다.

이렇게 한바탕 전쟁을 치루고 나면 오후 4시가 넘는다. 잔무를 처리하거나 사업을 기획하는 시간이다. 〈에코개코〉의 나아갈 방향에 대해 전문가들에게 조언을 듣기도 하고 관련 서적을 통해 내공을 쌓아가는 시간이다. 막내 나갈길은 하루하루 〈에코개코〉에 적응해 가기 시작했다. 그렇게 1년의 시간이 지나갔다. 어느 비오는 월요일이었다. 늘 그렇듯 월요일 오전은 사무총장 주재로 전체 회의가 열린다.

"아.. 사무총장으로서 오늘 활동가 여러분에게 정말 미안한 말을 전하게 되었습니다. 몇 달 전부터 우리 〈에코개코〉의 재정적 상황이 좋지 않다는 것을 여러분 아실 겁니다. 후원이 지속적으로 감소하고 있는 상황인데다가 지난달 개최했던 후원의 밤이 좋은 성과를 거두지 못해서 이번 달 급여가 좀 늦어질 것 같습니다. 여러분의 양해를..."

시민단체라 어차피 큰 돈 벌려고 들어온 사람들은 없었기에 동요는 없었지만, 앞으로 닥칠 더 심각한 문제의 서막에 불과하다는 것을 알았더라면 사람들은 그처럼 순응하지는 않았을 것이다. 나갈길도 마찬가지였다.

사무총장의 발표가 있은 후 몇 달이 흘렀고 재정적 상황은 더 심각해져 갔다. 매달 늦은 급여는 차라리 다행이었다. 급여가 반만 나오는 달도 총장은 한 달 치 급여를 단체에 기부하고 평생회원이 되라고 직원들에게 권유하기도 했다. 그러나 어떤 아이디어도 썩 신통치 못했다.

이윽고 직원들에게 후원회원을 가입시키라며 10명씩 할당을 주는 상황까지 발생했다. 게다가 몇 명을 유치했는지 직원들끼리 실적을 비교하는 일도 생겨났다. 벽에는 경쟁적인 막대 그래프가 그려졌고 실적이 나쁜 직원은 왠지 자신의 의무를 태만히 하는 사람처럼 비쳐졌다. 누구도 일에 집중할 수가 없었다. 사기도 추락했다. 그러나 정말 말도 안 되는 일이 이쯤에서 시작되었다.

과거 〈에코개코〉가 기업 감시활동을 하며 환경파괴의 주범으로 분류했던 한 기업에서 〈에코개코〉에 거액의 후원금을 주겠다고 나선 것이었다. 수년 전 환경폐기물을 무단폐기하다 적발되어 〈에코개코〉가 고발을 했던 화학회사였다. 참으로 얄궂은 타이밍이었다. 이 후원금을 받는 것은 말도 안 된다는 것이 사무실의 중론이었다.

그러나 시간이 지날수록 '현실론'이 힘을 얻기 시작했다. 사무총장이 그 기업의 후원금 접수를 긍정적으로 검토하고 있다는 소문이 사무실에 돌기 시작했다. 상식적으로 거절해야 마땅한 돈이었다. 그러나 직원 중에서 이 문제를 공론화하는 사람은 없었다. 그것은 자신이 결정할 문제는 아니라며 모두들 꽁지를 뺐다.

재정압박에 못이긴 사무총장은 결국 그 돈을 받고 말았다. 직원들에게는 몇 달간 정상적인 급여가 제공되었다. 그러나 얼마 지나지 않아 이러한 상황은 언론에 크게 보도되었고 곧 이어 기존 후원회원들이 실망을 표하며 〈에코개코〉의 후원을 해지하기 시작했다. 후원해지의 엑소더스가 시작되었다. 일주일만에 40%의 회원이 해지를 신청했다. 〈에코개코〉가 수년 동안 모집해왔던 숫자가 일주일만에 사라진 것이다. 마침내 단체의 수익이 돌이킬 수 없을 정도로 악화되었다. 〈에코개코〉는 기업에서나 있을 법한 구조조정을 단행해야만 했고 50명의 활동가중 20여명이 자의 반, 타의 반으로 〈에코개코〉를 떠났게 되었다.

〈에코개코〉의 막내 나갈길은 생각이 많아졌다. 본인이 사무총장이었다면 어떤 선택을 해야 옳았을까 고심했다. 단체의 재정을 위해 '부적절한 돈'을 받아야 할 것인가, 아니면 단체의 문을 닫게 되더라도 그 돈을 거절했어야 하는 것인가? 그렇다면 어디까지가 '적절한 돈'이며 어디까지가 '부적절한 돈'이란 말인가? 〈에코개코〉가 돈을 받은 그 회사는 이미 과거에 형사처벌을 받아 응당한 죗값을 치루지 않았던가? 현재 그 기업이 여전히 환경폐기물을 양산하고 있다 해도 적법한 절차를 준수하며 처리하고 있지 않은가?

하지만 반대의 관점을 모르는 것도 아니었다. 우리사회의 법은 외국에 비해 너무 관대한 것은 아닌지, 관련법들은 대부분 대기업의 편의를 눈감아 주고 있지는 않은지, 그렇다면 법만 준수한다고 해서 그 기업이 사회적 책임을 다하고 있다고 볼 수 있는지, 생각은 복잡해졌고 결론을 내릴 수 없었다. 나갈길은 결론을 보류하기로 했다. 다만 한 가지는 분명했다. 어떤 단체든 기부금 접수에 대한 일정한 기준은 마련되어 있어야 한다는 점이었다.

이러한 일련의 사건을 경험하며 그는 개인적인 진로에 대해 많은 고민을 하게 됐다. 마침내 그는 한 가지 결심을 했다. 정책실을 떠나 회원관리팀으로 이동하자는 결정이었다. 시민단체의 재정이 튼튼하지 못하면 외부의 힘에 휘둘릴 수 있다는 것을, 그래서 그 단체 본연의 주장을 하기 힘들어진다는 것을 절실히 느꼈기에 결심했던 생각이었다.

시민단체가 자기 목소리를 내려면 우선 재정이 튼튼해야 한다. 그리고 그 재정은 도덕성에 기반 해야 한다. 시민의 목소리를 대변하는 시민단체에서는 무엇보다 중요한 가치였다. 시민단체에서의 모금과 윤리는 적어도 그런 의미가 있었다.

그는 〈에코개코〉의 정상화를 위해 먼저 재정을 확보하기로 마음먹었다. 그리고 〈에코개코〉의 후원을 담당하는 부서인 회원관리팀을 스스로 지원했다. 가뜩이나 후원금이 필요했던 상황에서 이러한 지원은 진취적인 행동으로 평가되었다. 그는 한 달 후 회원관리팀으로 배치되었다. 이렇게 해서 나갈길의 〈에코개코〉 3년차는 회원관리팀에서 시작된다. 이것이 그가 모금업무를 담당하게 된 첫 번째 계기였다.

팀장을 포함해 3명으로 구성된 〈에코개코〉의 회원관리팀은 정책실과는 전혀 다른 세상이었다. 정책실에서 했던 업무와는 성격이 전혀 달랐다. 고작 하는 일이라곤 단체의 활동을 담은 소식지를 출판해 회원들에게 보내주는 일과 회원가입 문의전화가 오면 그것을 받아 처리해 주는 일이 전부였다. 소식지를 보낸다 해도 월 만원짜리 정기회원은 고작 180명 남짓이었다. 회원가입 문의는 하루에 한 통이 올까 말까였다.

팀원들은 소식지를 봉투에 일일이 담고 주소라벨을 붙이느라 늘 분주했다. 혈기왕성한 나갈길의 눈에는 그런 모습이 한가하게 보였다. 반복적인 단순 업무도 관성화된 모습으로 비춰졌다. 지금과 같은 관리위주의 일보다는 좀 더 기획적이고 전략적인 무언가가 필요하다고 느꼈다. 그는 획기적인 회원가입 유치방안을 수립해 보겠노라 팀장에게 말했다. 팀장의 허락을 받은 나갈길은 장고에 들어갔다.

며칠 간 고민하던 그는 아이디어가 하나 떠올랐다. 쿠폰북이었다. 핸드폰을 구매하면 통신사에서 제공하는 쿠폰북으로 빵집이나 패스트푸드점의 가격을 10%~20% 할인해 주듯이 〈에코개코〉의 회원서비스에 적용해 보자는 것이었다. 〈에코개코〉의 회원들에게 실질적인 혜택을 주어야 한다고 그는 믿고 있었다.

비록 월 만 원밖에 내지 않는 회원들이었지만 그래도 〈에코개코〉가 회원서비스 차원에서 무엇이라도 제공해 줄 수 있다면 이탈하는 회원들을 막을 수 있을 것이라 생각했다.

그러나 팀장은 회의적이었다. 대기업 통신사 수준의 혜택을 확보하기란 사실상 불가능할 것이라는 예측 때문이었다. 게다가 반기업적 이미지를 가진 시민단체를 위해 나설 기업은 없을 것이라는 우려도 있었다. 하지만 나갈길의 시각은 달랐다. 〈에코개코〉 주변부터 차차 발굴하면 뭐라도 해볼 수 있겠다는 판단이었다. 〈에코개코〉 인근의 동네 빵집, 식당, 노래방 등을 먼저 노크해 보자고 그는 생각했다.

팀장은 나갈길의 계획에 여전히 불신이 많았다. 동네의 몇 개 상점과 설사 협약을 맺는데 성공해서 그 쿠폰북을 회원들에게 보내준다 해도 그것이 회원들에게 정말로 혜택으로 느껴질 만한 것인지 확신할 수 없다는 이유에서였다. 나갈길은 그래도 강한 의지를 보였다. 어차피 사무실에 앉아 소식지나 보내주며 전화나 받고 있느니 새로운 도전을 해보겠다는 것이었다. 팀장은 강한 의지의 그를 허락할 수밖에 없었다. 그 날부터 나갈길은 후원개발을 위해 기부자 미팅 준비물을 챙겨 온 종일 밖에서 사람들을 만나고 다녔다. 단체의 브로셔부터 연간보고서, 언론홍보된 사본, 기부 약정서 등

(잠정) 기부자 미팅 준비물

- ☐ 브로셔
- ☐ 연간계획서
- ☐ 기관 역사
- ☐ 기관 미션, 비전 등 기관소개서
- ☐ 예산
- ☐ 기관의 장기적 성장 계획
- ☐ 홍보물
- ☐ 최근 언론 보도문 사본
- ☐ 예우 방안(혜택)
- ☐ 기부 약정서

Effective fundraising for nonprofits(2005). Ilona Bray.

챙겨야 할 것은 한 가득이었다.

하지만 그가 이 프로젝트를 추진하는 그 사이에도 사무실 내에서의 논란은 끊이지 않았다. 어느 날, 3년차의 최선배가 나갈길에게 말을 걸었다.

"야, 갈길아, 나랑 얘기 좀 하자."

"아 네! 최선배님! 말씀하세요. 지금 막 나가려던 참인데 잠깐이면 괜찮습니다."

"요새 수고가 많지?"

"아니에요. 그래도 인근의 상점 사장님들이 생각보다는 친절하게 대해주셔서 힘이 납니다. 선배님도 많은 도움 부탁드립니다. (꾸벅~)"

"그래, 갈길아, 선배가 되서 많이 도와주지 못해 미안하다. 근데 말야. 나 솔직히 니가 하는 일 걱정된다."

"네? 왜요?"

"니가 지금 하는 모금은, 모금의 본질적인 것과는 거리가 멀다는 거야."

"예? 모금의 본질이라뇨? 무슨 말씀인지.."

"갈길아, 생각해봐. 후원을 하는 회원을 위해 어떤 혜택을 준다는 거.. 이건 비본질적인 동기야. 우리 단체의 방향과 뜻에 동의를 해서 후원을 결정하는 것이 본질적인 동기인데 반해서 니가 지금 하고 있는 건 이런 본질적인 동기를 촉발시키는 모금방식이 아니거든."

"네.. 그런데요?"

"어떤 혜택 때문에 후원을 결정한 사람이라면, 다른 단체에서 더 좋은 혜택이 나오면 거기로 바로 갈아탈 사람들이라는 거야. 비본질적인 동기로 기부하는 사람들의 특성이 그렇거든."

"네에...ㅠㅠ"

"갈길아, 미안하다. 니 사기를 꺾으려는 건 아냐. 형도 예전에 너처럼 우싸우싸할 때가 있었어.. 다만 니가 이번 일을 의욕적으로 하다가 혹시 좌절할까봐 걱정 되서 하는 얘기야."

"네.. 감사합니다. 선배님..."

"한 마디만 더 할께. 설령 비본질적인 동기의 후원자가 많이 증가한다고 해도 좋아할 일이 못돼. 왜냐면 그런 후원자는 들어오는 만큼, 그만큼 또 빠져나가게 되거든. 그러니 실제적으로는 단체의 재정을 튼튼하게 하지 못하는 악순환에 빠지게 돼."

"네, 선배님, 명심할께요. 하지만 저는 본질이니 비본질이니 따지면서 아무것도 하지 않은 사람들에게 무어라도 해보자는 자극을 주고 싶습니다."

"그래. 갈길아, 이름처럼 너의 길을 가렴. 내가 예상했듯이 너의 생각은 확고하구나. 그저 좋은 결과가 있기를 바랄께. 그리고 너에게도 좋은 경험이 되기를 바란다. 괜한 얘기해서 미안했다."

"아녜요. 진심어린 충고 감사합니다. 다음에 또 얘기해주세요. 전 지금 나가봐야 하거든요."

나갈길은 대수롭지 않게 넘겼지만 사실 그런 걱정이 아예 없는 것은 아니었다. 그러니까 그는 최선배의 말을 회피하고 싶었던 것이다. 그가 올라탄 것은 멈출 수 없는 기차임을 알고 있었기 때문이었다. 그의 입사동기 박진정은 이런 고민의 나갈길에게 하나의 대안을 제시했다. 당장의 후원수익 얼마를 확보하는 것보다 근본적인 변화를 추구하자는 것이었다. 지금이라도 〈에코개코〉의 모든 구성원들이 모여서 〈에코개코〉의 방향을 다시 정비하는 대토론의 시간을 가져야 한다는 의견이었다.

"갈길아, 지금은 우리 모든 구성원이 모여서 대책회의를 해야 할 때야."
"진정아, 지금 나 충분히 바쁘거든? 도와주지는 못할 거면서 힘빼는 얘기는 말아라."

"난 도우려는 뜻밖에 없어, 갈길아. 후원혜택 뚫고 다니는 거 이제 그만하고 정말 근본적인 변화를 고민해보자. 지금 우리 조직에는 근본적인 변화가 필요해. 모든 구성원이 모여 토론을 할 때라구. 외국에서는 전략기획(Strategic planning)이란 걸 통해 이런 전사적 토론을 한다고 하던데.."

"진정아, 진정어린 조언 고맙지만 진정으로 날 위한다면 그저 내가 하는 일을 믿고 힘을 실어주길 바래. 니가 말한 전략기획, 뭔가 멋진 거 같지만 지금은 나 그거 연구할 시간 없어. 영업 뛰어야 해."

"야, 나갈길! (버럭) 니가 지금 하고 있는 일은 스스로를 고립시키는 일이야. 아무도 너에게 지지를 하지 않고 있어! 모금이라는 건 모든 부서의 협업으로 돌아가는 전사적인 일이야. 너 혼자 깃발 들고 나선다고 되는 일이 아니라구! 게다가 넌 막내잖아! 사무총장도 못한 일을 니가 하겠다고?? 다 널 생각해서 하는 말이야!! 내 말 좀 들어봐!!"

"진정아, 그만 진정하고 내 말 들어봐. 니가 몇 번 말했듯이 그래 좋아, 니가 제안한 그런 토론의 장을 실제로 마련한다고 치자. 사무총장이나 모든 직원들이 다 모여서 〈에코개코〉의 근본적인 문제를 점검하고 새롭게 나아갈 방향을 토론한다고 쳐. 그렇다면 아무도 의견을 내지 않을게 뻔해!"

"무슨 말을 하려는 거야?"

"생각을 해보라구. 그런 자리에서 합리적이고 평등한 토론이 될 거 같애? 다들 윗선의 눈치만 볼 거고 결국 사무총장만 실컷 떠들다 갈 걸? 어쩌면 사무총장은 아예 참석을 안 할 수도 있겠다. 그리되면 토론회를 개최하는 의미는 어디서 찾아야 할까?"

"그러니까 제대로 해보자고. 갈길아...제발.. 야! 나갈길! 내 얘기 듣고 있어?"

"아 몰라! 나 바뻐!"

박진정의 조언에도 불구하고 나갈길은 그 상황을 피했다. 나갈길은 자신의 신념대로 자신의 길을 개척해 가고 싶었다. 지금은 조언보다 무조건 지지해 주는 사람이 필요했다.

몇 개월이 지나는 동안 나갈길은 온 동네를 돌아다녔고 자주 가던 식당, 주점, 노래방, 빵집, 심지어 동네의 작은 동시상영 극장까지 찾아갔다. 그리고는 네 곳의 업체와 협약을 맺었다. 〈에코개코〉의 회원증을 가지고 오면 원래 가격의 5%를 할인해준다는 내용이었다. 꽤 괜찮은 성과처럼 보였다.

몇 개월의 성과를 최종적으로 마무리한 그는 오랜만에 팀회의에 참석했다. 나갈길의 성과를 발표하는 회의였다. 그동안 고생하며 일구어낸 성과를 그는 자랑스럽게 발표하고 싶었다. 네 곳의 업체와 체결하게 된 회원서비스를 쿠폰북으로 제작해 회원들에게 발송하자는 나갈길의 프리젠테이션이 끝난 후 잠시 침묵이 흘렀다. 그의 제안은 쉽사리 결정되지 못했다.

쿠폰북의 혜택이 너무 미약하다는 지적이 많았다. 혜택으로 느껴질 만큼의 느낌은 아니라는 것이 중론이었다. 나갈길은 아무것도 하지 않는 것보다는 낫다고 주장했지만 팀장을 비롯한 팀원들은 비용의 낭비만 생길 뿐 회원 충성도를 높이는 효과는 거의 없을 것이라 응수했다. 설사 당장의 효과가 없더라도 투자적 개념으로 진행해보자는 주장을 그는 이어갔으나 〈에코개코〉는 그렇게 오랜 기간을 기다려줄 만한 여력이 없으므로 그것은 적절한 의사결정이 되지 못할 것이라는 지적만이 돌아왔다.

"선배님들, 제가 그동안 확보한 혜택이 기대에 못 미친다는 건 인정합니다. 하지만 발송조차 안하고 사업을 접자는 건 이해가 안 됩니다."
"나갈길씨, 이 정도의 혜택, 솔직히 와 닿지 않아요. 내가 회원이라도 이런 쿠폰북을 받는다고 해서 이것 때문에 회원 탈퇴를 늦추지는 않을 것 같다는 판단이 들어요."
"일단 발송해 놓고 혜택을 차차 늘리는 방법도 있는데…"
"지금 우리 단체의 상황은 그렇게 기다려 줄 수 있는 상황은 아니에요. 나갈길씨, 그동안 수고했지만 여기서 중단하는 게 좋겠어요."
"어? 팀장님!!!"

나갈길은 자신의 노력을 인정받지 못했다. 수개월간 인근 지역을 돌며 업체 사장들을 만나고 어렵사리 몇 개의 성과를 얻게 되었는데 마치 아무런 성과가 아닌 것처럼 치부되는 것에 그는 낙담했다. 박진정은 그를 위로했지만 소용없는 일이었다. 나갈길은 자신에 대한 실망 뿐 아니라 〈에코개코〉에 대한 실망과 회의감마저 들었다. 좌절은 생각보다 컸고 그는 모든 것이 싫어졌다. 팀의 막내로써 신선한 바람을 불러일으킬 것이란 많은 사람들의 기대와는 전혀 다른 결과였다. 나갈길의 입지는 좁아졌다.

그는 수일간 휴가를 냈다. 많은 고민이 그의 머리를 맴돌았다. 회원혜택을 제공할 만한 업체를 단기간에 더 발굴해보겠다고 선언할까하는 생각도 해봤다. 하지만 인근 업체는 이미 다 접촉했기에 추가적 발굴은 자신이 없었다. 설사 두 세 개를 더 발굴한다고 해도 회원들에겐 여전히 큰 혜택으로 여겨지지 않을 것이란 걱정에 회의감이 들었다. 그는 자신감을 완전히 잃었다. 나갈길은 막중한 책임감을 이기지 못하고 결국 이직을 결심하게 되었다.

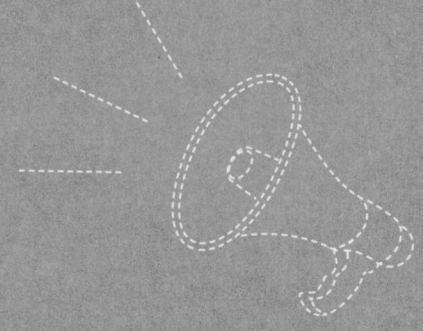

마케팅의 현장을 경험하다

〈에코개코〉를 그만두고 집에서 기거하며 지난 실패를 생각하고 또 생각했다. 석 달 쯤 흘렀을까, 그는 정치인이 되겠다는 꿈조차 접기로 했다.

〈에코개코〉에서의 실패를 만회하는 것이 앞으로 자신의 할 일이라고 확신했다. 그의 관점에서 〈에코개코〉에서의 실패는 마케팅에 대한 미숙함이었다. 사람들은 나갈길의 방식이 너무 마케팅적이라고 지적했지만 그의 생각은 오히려 그 반대였다. 어설픈 마케팅의 도입이 문제라고 봤다. 좀 더 확실하고 체계적인 마케팅 지식이 그에게 필요했다. 시민단체 활동가를 벗어나 마케터로 변신하는 도전은 이렇게 시작됐다.

"진정아, 잠시 통화 가능하니?"

"어, 휴일에 웬일이야?"

"나 〈에코개코〉 그만둔다. 사표냈어. 다음 주부터 안 나가."

"뭔 소리야? 나갈길!"

"내가 요새 가끔 말했잖아.. 나 그만둘지도 모른다고..."

"헐.. 이게 말이야 방구야? 너 그 프로젝트 실패했다고 지금 이러는 거야?"

"진정아, 난 말야, 그 실패 때문에 낙담해서라기보다 내 부족한 역량을 더 키워서 돌아오고 싶어. 마케팅을 직접 경험해 보고 싶어. 이번 회원증대 프로젝트의 실패는 내 어설픈 마케팅 때문이었던 거 같아. 마케팅을 제대로 적용했더라면 잘 됐을 거라는 아쉬움이 들거든."

"그 프로젝트의 실패는 마케팅을 덜 해서가 아니라고 봐. 많은 사람들이 지적했듯이 오히려 마케팅적 접근 자체가 난 실패의 요인이라고 생각하거든.. 그리고 니가 마케팅 회사를 간다는 말인지 모르겠는데 누가 시민단체 활동가인 너를 채용할까 걱정된다야."

"그건 걱정마. 나 자신있어. 밑바닥부터 배울 거야. 한 2년만 갔다가 다시 〈에코개코〉로 돌아올께."

"다시 돌아온다니.. 여기가 무슨 왕복표 끊고 떠나는 서울역 대합실인 줄 알어? 니 멋대로 돌아오게? 그래 좋다, 2년 뒤에 니가 마케팅 귀재가 되었다고 치자. 그럼 〈에코개코〉에서, 어이구 마케팅 천재가 오셨으니 어서 특채로 모셔야겠군요.. 그럴까?"
"넌 내 큰 뜻을 모른다.. 하아..."
"갈길아! 제발 정신차려. 니가 갈길은 거기가 아니라구!"

박진정은 그의 결심을 꺾지 못했다. 나갈길은 사표를 냈고 〈에코개코〉를 그만두게 되었다. 그리고 한주가 흘렀다. 그는 구직활동을 시작했다. 알지도 못하는 마케팅 회사에 자신의 이력서를 발송하기 시작했다. 그러나 시민단체 3년 경력인 사람을 채용할 마케팅회사는 없었다. 몇 주간 30여개의 회사에 이력서를 발송했고 두 달 째 접어들어도 회신을 보내는 회사는 없었다. 그러던 중 한 벤처기업에서 연락이 왔다. 역삼동 이면도로의 작은 빌딩 3층에 위치한 직원 20명 규모의 회사였다. 큰 규모의 회사는 아니었지만 마케팅을 경험해 볼 수 있겠다는 생각으로 면접에 임했다. 면접날은 눈이 쌓인 추운 날이었다.

"나갈길씨, 우리는 10년 전, 직원 5명의 이벤트 대행 회사로 출발했지만 지금은 정부, 대기업의 광고나 대형행사를 대행하는 매출 800억원의 마케팅 회사로 성장했습니다. 이력서를 보니 경력이 이쪽과는 어울리지 않던데 왜 본인이 이곳에 입사해야한다고 생각하는지 설명해줄 수 있나요?"
"네, 면접관님. 저의 경력은 마케팅과는 거리가 멉니다. 하지만 다른 직원들이 마케팅 스킬에만 신경 쓸 때 저는 시민단체에서 배운 공익적인 내용을 기획서나 제안서에 첨가할 수 있습니다."

"그게 우리 회사의 성장과 무슨 관계가 있나요?"

"정부건 기업이건 수익성이나 단기간의 효과만을 추구하는 시대는 지났다고 생각합니다. 그들이 사회에 어떤 공헌을 하는지를 제안서 안에 설명해 놓는다면 정부나 기업은 그런 내용이 담긴 제안서를 선호할 것이고, 그러한 내용을 잘 알고 있는 회사에 일을 맡기지 않겠습니까?"

"나갈길씨, 좋은 답변이군요. 그런데 마케팅이 무엇이라고 생각합니까?"

"남과 다른 차별성을 부각시켜 경쟁력을 만드는 작업이 마케팅이라고 생각합니다."

"좋은 대답이지만, 정답의 절반만 답한 것 같군요."

"네?"

"마케팅이 차별화를 위한 것이다... 뭐 어쨌든 좋습니다. 틀린 말은 아니니까요. 하지만 나머지 답은 나중에 말해주겠습니다."

"아.. 네네..감사합니다. (꾸벅)"

면접이 끝나고 돌아오는 길, 나갈길은 한 통의 문자를 받았다.

"축하합니다, 나갈길씨. 앞으로 잘해봅시다. 급여나 출근일자는 총무팀에서 별도로 전화가 갈 겁니다."

나갈길은 전격 채용되었다. 최근 들어 정부의 일을 부쩍 많이 수주하는 회사의 분위기상 나갈길 같은 인력이 한명쯤은 필요하다는 회사 임원진의 판단이었다. 〈파라파라〉라는 이름의 이 회사는 벤처의 붐을 타고 한창 성장세를 달리고 있었다.

나갈길은 경력을 인정받아 대리 직함으로 사업2팀에 배치되었다. 작은 마케팅 회사라고만 여겼는데 사내 동료들은 대부분 유학파였다. 최근에 국제회의나 해외 프로모션이 우리사회에 많이 유치되다 보니 해외파 인력들이 많이 몰리는 경향 때문이었다. 그는 주눅이 들어 긴장의 끈을 놓을 수가 없었다. 그의 할 일은 하나였다. 최선을 다해 일을 배우는 것이었다.

나갈길이 처음 맡은 일은 M대기업의 광고대행에 입찰하는 일이었다. 그런데 그는 M기업이 왠지 낯설지 않았다. M기업은 시민단체 〈에코개코〉에서 일했을 때 10대 환경파괴 기업 중 하나로 지정되었던 바로 그 문제의 기업이었다. 그때는 공격과 비판의 대상이었던 그 M기업을, 이제는 '갑'으로 여기면서 그 돈을 타기 위해 광고대행을 해야 하는 처지라니. 기구한 운명은 소설에서만 나오는 것은 아니었다. 나갈길은 그것을 기억해 낸 후 잠시 당황했다. 하지만 곧바로 그는 마음을 고쳐먹었다. 이제 그런 과거는 개나 줘야한다고 자기최면을 걸며 일에 집중했다. '자신은 시민단체 활동가가 아니라 마케터다, 마케터는 돈에 따라 용역을 제공하는 프로일 뿐 사회문제가 어떻든 관여할 자격도 이유도 없는 사람이다'라며 자신을 합리화 했다. 하지만 이런 합리화는 내적 갈등을 잊기 위한 자기최면일 뿐 자신이 평생 마케터로 살 것이라고 결심한 것은 아니었다. 그는 어떻게든 이번 일을 성공시켜 〈파라파라〉에 자리를 잡아야 한다는 생각 뿐 이었다.

드디어 M기업의 광고용역 입찰공고가 발표되었다. 보통 입찰 공고부터 결과발표까지는 3개월에서 6개월의 시간이 소요된다. 그 3개월 동안 담당 팀은 제안서를 작성하기 시작한다. 그러나 회사의 이런저런 사정 등으로 제안서를 실제 쓸 수 있는 시간은 1개월에서 3개월 남짓이다. 이번 M기업의 제안서 작성도 2개월 내에 작성되어야 한다. 나갈길은 마음이 급해졌다. 그는 그 전에 작성되었던 제안서를 몇 개를 참고하기 시작했다. 과거에 작성된 제안서에서 공통된 순서에 따라 다음과 같이 제안서를 구성했다.

M기업이 현재 핸드폰 시장에서 어떠한 위치를 가지고 있는지 분석 한다.
이 단계에서는 경쟁사의 동향이나 고객들의 기초적인 욕구를 파악하는 단계이다. 경쟁사 역시 신형핸드폰을 준비하고 있다는 것을 뉴스를 통해 알 수 있었고 소비자들 역시 무언가 더 새로운 핸드폰에 목말라 있던 시장 분위기였다. 그런데 M기업은 환경파괴 기업으로 수년전 대대적인 보도가 있었다는 것을 나갈길은 <에코개코>의 근무시절을 통해 잘 알고 있었기에 이 부분을 상당히 신경 써야겠다고 판단했다.

이어서 M기업 핸드폰의 장점이나 약점 등을 분석한다.
이 단계는 상품의 차별성을 추출하는 단계다. M기업에서 출시하는 이번 핸드폰은 혁신적인 기능을 갖추었지만 수년전 M기업의 환경파괴 행위가 보도되면서 `반환경 기업` 이미지가 꼬리표로 남아 있었다. 따라서 나갈길은 이번 프로젝트의 핵심과제는 바로 M기업의 반환경 이미지를 극복하는 일이라고 판단했다. 그것이 이번 핸드폰 론칭의 승패를 가늠하는 차별화 전략이라고 결론 내렸다.

M기업의 핸드폰이 잘 먹힐만한 시장을 찾기 위해 시장을 세분화해 본다.
시장을 세분화해보면 M기업의 핸드폰이 공략해야할 타겟이 정해지게 된다. 앞의 분석처럼 M기업은 반환경 이미지가 있으므로 이를 염두해야 한다. 나갈길은 맑고 깨끗한 이미지의 20~30대 화이트 컬러와 전문직이 최적의 타겟이라고 판단했다. 젊다는 이미지는 아무래도 깨끗하고 맑고 순수한 이미지가 있다. 게다가 화이트 칼라나 전문직을 대상으로 한다면 혁신적인 이미지도 살리면서 부정적 이미지를 극복할 수 있지 않을까 생각했다. 그는 이번 최신핸드폰의 이름을 <꿈에그린폰>으로 정했다. 꿈에서나 그려 볼 정도로 혁신적인 기능이 탑재되어 있는데다가 그린(green)이라는 단어로 친환경 이미지를 강조하기 위해서였다. 이로써 시장에서 차별성을 가지는 포지션은 어느 정도 정리가 되었다.

이제 어떻게 판매할 것인지를 생각한다.
<꿈에그린폰>의 혁신적 기능과 친환경 기능을 강조한다. 가령 `배터리가

> 오래 간다`고 말하는 것보다는 `배터리가 오래가므로 산업 폐기물이 적다'
> 로 말하는 것이다. 또한 핸드폰 판매대금의 일부를 환경단체에 기부하는
> 전략을 채택한다. 환경단체에서 기부금 영수증을 받으면 핸드폰을 구매하
> 는 20~30대 전문직 종사자 100명에게 기부금 영수증을 나누어 증정한
> 다는 것이다. 이는 공익성과 화제성이 조화된 이벤트라 언론보도의 확률
> 이 매우 높아질 것이다.

　이제 나갈길은 두 달간의 핸드폰 론칭 제안서 작업을 마무리했다. 며칠 밤을 새가며 동료들과 토론했고 팀장의 수정지시를 받으며 완성한 제안서였다. 드디어 제안서 제출일이 되었고 그는 입찰 참가서와 제안서 복사물, 사본 CD 등을 빠짐없이 준비해 M기업에 제출했다.

　돌아보면 쉽지 않은 프로젝트였다. 그러나 그는 많은 것을 배웠다고 자부했다. 몇 주일 후 M기업에서 발표가 있었다. 그는 첫 데뷔라 말을 아껴왔지만 내심 큰 기대를 걸고 있던 차였다. 그러나 결과는 그의 기대와 달랐다.

"나대리, 소식들었나?"

나갈길이 〈파라파라〉 입사면접 때 면접관이었던 〈파라파라〉의 최이사였다.

"아 이사님, 저희 부서까지 웬일이십니까? 근데.. 무슨 소식이요?"

"M기업 입찰 결과, 홈페이지에 결과가 떴어."

"아 그렇습니까? (궁금궁금)"

"근데 어쩌지? 다른 데가 됐더라구."

"아......(탄식) 이사님. 죄송합니다. 아직 제가 부족해서..."

"나대리, 한 번에 될 리가 있나? 난 이 업을 20년 넘게 하고 있는데 10번 넣어야 한 번 될까 말까한 게 이 바닥이야. 긴 호흡으로 가자구."

"위로 감사합니다. 이사님."

"내가 M기업 담당자에게 전화해 봤어. 나대리 자네가 제출한 게 3등이라더구만. 근데 2등과 3등의 차이가 거의 없었대. 처음 한 것 치고는 잘 한 거야. 기죽지 마. 기죽을 필요 전혀 없어."

"감사합니다. 이사님."

"내가 자네 제안서를 꼼꼼히 봤는데 한 가지 코멘트 하고 싶은 게 있더구만."

"네. 뭐든 말씀하십시오."

"기억나나? 나대리 자네 면접보던 날?"

"네, 이사님. 1분 단위로 선명하게 기억나는데요. ^^;"

"내가 물었지? 마케팅이 뭐냐고?"

"네! 저는 마케팅은 차별화라고 답 했었는데요 이사님께서 그건 반쪽짜리 답이라고 하셔서 나머지 반이 무얼까 고민했습니다."

"그래? 이제 나머지 반을 알려줄께."

"네! 알려주십시오! 궁금했습니다!"

"적어도 내가 생각하는 마케팅은 말이야, 차별화와 공감대 형성, 이 두 가지의 균형이네."

"차별화와 공감대 형성의 균형이요?"

"응. 차별화는 경쟁자와의 차이를 선명하게 하려는 목적이 있지. 하지만 너무 차별화만 강조한다면 소비자와의 공감대를 놓치기 쉬워."

"아.. 그렇군요..."

"오히려 공감대 형성 없는 차별화는 대중의 정서와 동떨어질 수 있어. 공감대 형성을 먼저하고 차별화를 추구하는 게 더 효과적이야. 이번 나대리 자네 제안서를 읽어보니 제품에 대한 소비자와의 공감대 형성보다는 제품의 차별화만 많이 강조한 느낌이 들더구만."

"생각해 보니 그런 것 같습니다. 이참에 제안서를 다시 한 번 리뷰해 봐야겠네요. 좋은 말씀 감사합니다! (꾸벅)"

"그래. 다시 한 번 음미하면서 살펴보면 분명 얻는 것이 있을 거야.. 그나저나 오늘 마음도 허전할텐데, 어때, 술 한 잔 안 할텐가?"

"이사님 술도 못 드시면서 괜히 저 때문에 위로주 사주시려는 거 아니신가요?"

"티 났나?"

"네. 많이 났습니다."

"허허~"

"그러다가 취하시면 댁에 어떻게 가시려구요? 이사님 운전하셔야 하잖아요?"

"아 이 사람아, 나대리 자네가 대신 운전해 주면 되지 않겠나?"

"아니, 대리에게 대리운전 시키시는 겁니까?"

"하하하하. 나대리, 역시 센스있어.. 하하하!"

나갈길의 면접관이었던 최이사가 알려준 바에 의하면, 그의 제안서는 3등이었다. 동료들도 첫 데뷔치고는 꽤 선전한 것이라며 위로했다. 하지만 나갈길은 며칠 간 의기소침해 있었다. 동료들은 흔한 일이라며 잊으라 했지만 그는 슬럼프에서 좀처럼 벗어나지 못했다. '무엇이 문제였을까, 왜 떨어졌을까'를 고민하고 또 고민했다. 그는 〈파라파라〉에서 작성되어 낙찰되었던 과거의 제안서를 모두 탐독하기로 결심했다. 많이 봐야 많이 알 수 있다는 생각에서였다.

그는 동료들이 보관하고 있는 파일들을 복사했다. 그리고 매일 밤마다 컴퓨터 앞에 앉아 그것을 탐독하기 시작했다. 그렇게 두 달이 흘렀다. 마침내 그는 대부분의 제안서(기획서)가 비슷한 구조를 가지고 있다는 점을 파악하게 되었다. 그는 본인이 직접 작성했던 M기업의 핸드폰 프로젝트를 순간 떠올렸다. 그때는 멋모르고 따라했지만 지금 다시 생각해보니 수많은 제안서들의 구조에는 변하지 않는 일정한 패턴이 있었다. 'M기업의 제안서를 작성할 때 이러한 패턴을 미리 알았더라면 좋았을 텐데' 하며 그는 안타

까워했다. 귀가 후 학창시절 이후로 펼쳐보지 않았던 거실의 책장에서 꺼낸 경영학 이론서에는 다음의 패턴이 소개되어 있었다.

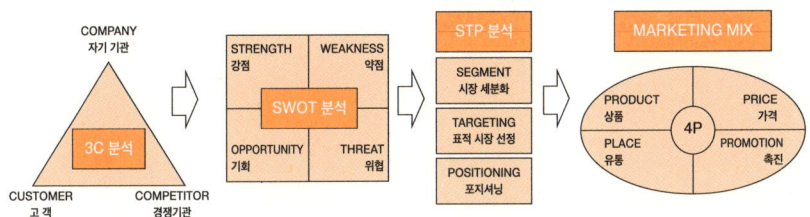

M기업 제안서를 작성했을 때는 한 두 개의 제안서를 보며 어설프게 따라 했지만 이렇게 정리된 마케팅의 플로우가 있는 줄은 미처 알지 못했었다. 어떤 제안서든 이러한 패턴은 거의 동일했다. 그 패턴에 따라 내용이 부분적으로 달라질 뿐이었다. 패턴, 즉 전체적인 논리구조가 먼저 잘 정리되면 내용을 채우기가 훨씬 수월해 진다.

M기업의 제안서를 쓸 때만 해도 아이디어가 제일 중요하다고 생각했었다. 그러나 지금 생각해보니 그것은 아마추어와 같은 접근방식이었다. 아이디어나 내용도 물론 중요하지만 더 선행되어야 하는 것은 제안서(기획서)의 전체적인 구조다. 구조는 각 단계별로 서로 논리적 연계성이 있어야 한다. 앞의 단계와 다음 단계는 인과관계로 설명되어야 한다는 뜻이다. 각 단계마다 설명되는 논리적 연계의 완성도가 높을수록 읽는 사람이 설득될 확률은 높아진다. 제안서라는 것은 읽는 사람을 설득하기 위한 문서기 때문이다.

여러 제안서와 기획서를 읽다보니 나갈길은 마케팅 툴에 대해 더 알고 싶어졌다. 무언가 이론적인 정리가 더 필요했다. 그는 서점에서 마케팅에 관한 책을 몇 권 사왔다. 마케팅 이론과 실무 모든 면에서 더욱 성장한 업무능력을 가지고 싶었다. 그리고 기회가 주어진다면 다시 비영리조직으로 돌아가 자신의 업그레이드 된 업무를 사람들에게 보여주고 싶었다. 이런 생각을 할만큼 그는 마케팅에 대한 공부가 어느 정도 완성단계로 가고 있음을 스스로 느끼게 되었다. '〈에코개코〉로 다시 돌아가서 그 후원사업을 기필코 마무리 해보겠어. 업그레이드 된 내 역량으로 실패했던 프로젝트를 다시 도전해보고 싶다...'

어느덧 〈파라파라〉에 입사한 지 2년차. 나갈길은 팀의 믿음직한 '허리'로 자리를 잡아가고 있었다. 굵직한 프로젝트를 성공시켰고 웬만한 제안서는 혼자 작성할 수 있는 수준이 되었다. 그러던 어느 날 〈에코개코〉의 입사동기인 박진정과 통화를 하게 되었다. 박진정과 어떤 일이 있을 때마다 서로 소식을 전하는 사이였다. 박진정은 나갈길이 떠나온, 그리고 나갈길이 궁금해 하는 〈에코개코〉의 최근 소식을 알려왔다.

그녀에 의하면 〈에코개코〉는 최악의 상황을 벗어나 다시 재정적 안정을 되찾았고 직원 수도 50명 선으로 회복되었다는 것이다. 그런데 나갈길은 기쁜 마음이 들지 않고 오히려 심경이 복잡해졌다. 자신이 〈에코개코〉 부활의 구세주가 되기를 꿈꿔왔고 그 목표를 보며 〈파라파라〉에서의 힘든 시간을 버텨왔는데, 〈에코개코〉가 이미 정상화가 되었다는 소식을 들으니 김이 빠진 것이었다. 그러면서 나갈길은 자신이 과거에 왜 실패할 수밖에 없었는지를 박진정에게 설명하기 시작했다. 박진정은 나갈길에게 "또 그 얘기냐"며 타박했지만 나길길이 마음 편하게 털어놓을 곳은 박진정 밖에 없었기 때문이었다. 그는 자신의 실패를 마케팅 능력의 부족에서 설명하기 시작했다. 〈파라파라〉에서 보고 배운 것들로써 자신의 과거를 재조명했다.

"야, 나갈길! 너 마케팅 이론에 완전히 빠졌구나? 근데 마케팅 기법보다는 공익적 관점이나 사회적 가치의 관점을 충분히 이해하는 게 더 중요하다고 난 생각해."

"진정아, 나도 같은 생각이야. 네가 말한 기관의 방향이나 가치를 체계적으로 정리하기 위해서는 SWOT분석과 같은 도구가 필요해. 이런 도구들은 우리가 하려는 일을 더욱 효과적으로 돕는 도구일 뿐이야. 거부감 가질 필요 없어.^^"

"마케팅 기법이 정말 문제를 해결해 주는 도구일까? 난 지금껏 그런 걸 사용하지 않아도 잘 해왔거든. 마케팅 기법이란 문제를 해결해 주는 도구라기보다는 원래 자신이 가지고 있던 생각을 세련되게 표현해서 남을 설득시키기 좋게 만드는 도구 아닐까?"

"진정아, 정말 기회가 된다면 마케팅 회사에서 일해보라고 권유하고 싶구나. 이곳에 와보니 전혀 새로운 세상이 있었어."

"그래.. 많은 것을 보고 배우는 일은 좋다고 생각해."

"다른 건 몰라도, 그동안 너랑 내가 〈에코개코〉에서 주먹구구식으로 제안서를 작성했던 한계를 반성하고 있어.."

"글쎄... 갈길아, 난 우리가 작성했던 많은 기획서들이 꼭 주먹구구 라고 생각하지는 않아. 난 사람들에게 감동을 주려는 진정성이 우리 문서에 더 필요하다고 생각하거든."

"진정아. 그러기 위해서라도 마케팅 이론을 사용하자는 얘기야."

"하지만 마케팅 툴 자체가 목적이 되어선 안 되겠지.^^"

"물론이지! 오해마라. 나 그런 남자 아니다 ㅋ"

오랜 친구들의 반가운 대화는 각자의 다른 관점을 확인만 한 셈이 되었다. 그 사이 서로 다른 환경으로 인해 달라진 가치관 때문인지 둘의 생각에는 분명 차이가 있었다. 나갈길은 비영리자선단체에도 마케팅이 필요하며 그 진정성을 효과적으로 알리기 위해서라도 마케팅이 필요하다는 입장이었다. 반면 박진정은 마케팅보다 우선된 가치는 공익적 관점이나 사회적 가치에 대한 것이며 과도한 마케팅 툴이 이러한 진정성을 가볍게 보이게 만든다는 지적이었다. 동기 간의 논쟁이 끝나갈 무렵 박진정은 새로운 소식을 알려왔다. 그녀가 〈에코개코〉를 떠나 〈모아모아〉라는 사회복지법인으로 이직을 할 것 같다는 것이었다. 〈모아모아〉는 중규모의 모금기관이었다. 나갈길에게도 영입제안이 곧 있을 것이라는 귀 뜸을 하고 그녀는 전화를 끊었다. 1년 후 나갈길이 〈모아모아〉에 결합하기까지 둘의 교류는 거의 없었다.

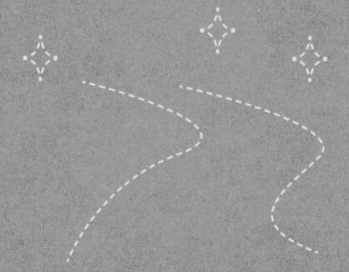

꿈꾸던 금의환향,
그러나
계속되는 시행착오

〈파라파라〉에서 근무한 지 만 3년이 지났을 때 나갈길은 떠날 때가 됐다고 느끼고 있었다. 자신의 경험을 비영리조직에서 적용하고 싶다는 생각은 갈수록 강해졌다. 마케팅 업계에서 3년이면 웬만한 것은 다 배웠다는 자신감도 있었다.

그러던 중 〈모아모아〉라는 사회복지법인에서 영입요청이 들어왔다. 박진정이 1년 전 귀 뜸 해 주었던 것이 실현되는 순간이었다. 예전 〈에코개코〉의 팀장 한분이 〈모아모아〉의 사업본부장으로 영입되었고 나갈길의 적극적인 태도가 기억에 남아 있던 그가 나갈길에게 러브콜을 보냈던 것이다. 〈모아모아〉라는 조직은 나갈길과 같은 저돌적인 캐릭터가 필요했다. 나갈길은 과장의 직급으로 사회복지법인 〈모아모아〉에 입사하게 되었다.

〈모아모아〉는 최근 사무국 직제를 개편해 사업본부를 신설했고 모금팀을 강화하는 중이었다. 나갈길은 모금팀에 배치되었다. 사업본부 내의 핵심인 모금팀의 위상은 〈모아모아〉에서는 매우 중요한 것이었고 그만큼 나갈길의 어깨는 무거웠다. 박진정은 1년 전부터 이곳 홍보팀에 결합한 터였다.

팀 내에서 나갈길의 첫 직무는 이벤트 모금이었다. 이벤트를 통해 모금을 한다는 사실을 제외하고 그에게 주어진 세부적인 업무표준은 없었다. 이벤트 모금이 무엇인지 정의하는 일도 쉽지 않았다. 그는 마케팅 기법을 이곳에서 활용하고 싶은 마음이 앞섰지만 기본적인 업무조차 파악하지 못한 상황이라 확신을 가질 수는 없었다.

나갈길은 상황 파악에 최선을 다했다. 부재한 업무표준은 없었고 업무를 알려주는 전임자도 없었다. 이벤트 모금은 〈모아모아〉 내에서 생소한 업무였고 구성원들의 공감대도 형성되지 않은 직무였다. 인수인계 따위는 없었다. 아직 정립되지 않은 직무라 스스로 학습하고 의견을 물어가는 방법이 유일한 해답이었다. 더군다나 모금팀 직원들은 자주 바뀌었다. 잦은 인사발령으로 인해 팀워크는 약해졌다. 그것이 반복되는 동안 업무는 협업보다는 분절화, 파편화 되어갔다. 직원들은 자기 업무 외에는 잘 알지 못했다. 무언가 돌파구가 필요했다.

그의 관점에 의하면, 모금의 성공여부는 기법이나 기술에 달려있었다. 이런 관점은 〈에코개코〉에서의 실패와 〈파라파라〉에서의 마케팅 경험에서 기인된 것이었다. 특히 〈파라파라〉에서의 경험은 그에게 마케팅적 기법이 모금에서 제일 중요한 요소임을 확인시키는 계기가 되었다. 영리조직(기업)은 제품이나 서비스를 판매한다. 판매자와 구매자 사이에는 제품(서비스)와 돈의 교환이 성립된다. 마찬가지로 비영리조직도 그들의 상품이라 할 수 있는 이념, 정책, 가치, 명분 등이 기부자들의 돈, 재능, 시간 등으로 교환된다는 것이다.

이런 맥락에서 그는 기업과 함께 할 이벤트를 구상하기 시작했다. 획기적인 아이디어를 통해 이벤트 모금이라는 직무를 정립함은 물론, 팀의 활성화를 위해 본인의 역량을 과시하고 싶었다. 이 구상은 몇 주가 지난 후 제안서로 작성되었다. 요컨대, 기업은 좋은 이미지를 구축하고 기관은 후원금을 기부 받는 '자선축구대회'였다. 그는 지금껏 경험했던 여러 마케팅 기법을 활용해 윈-윈 모델을 수립했다. 그리곤 관심 있어 보이는 몇 개의 기업을 대상으로 사업제안을 시작했다.

그런데 기업의 반응은 그의 예상과 달랐다. 나갈길은 자신 있게 제안했지만 기업의 반응은 시큰둥했다. 그는 이 상황을 이해할 수 없었다. 마케팅적으로 볼 땐 흠잡을 곳이 없는 사업모델이라고 확신했기 때문이었다. 몇 달 동안 제안 작업을 진행해도 반응이 오는 기업은 없었다. 마케팅 회사 출신이라는 그의 배경이 무안해 지는 시점이었다.

반응도 성과도 없는 사업을 마냥 붙잡고 있을 수만은 없었다. 이해되지 않는 상황이었지만 그는 이 사업을 끝내 접기로 했다. 박진정은 그런 그를 위로했지만 도울 수는 없었다. 이벤트 모금에 대해 체계적으로 경험하고 배워본 사람이 조직 내에 아무도 없었기에 누구도 도움이 되지 못했다.

그런데 몇 개월이 지난 후 그를 당황스럽게 만든 사건이 일어났다. 나갈길의 자선축구대회를 거절했던 한 기업에서 이와 동일한 행사를 진행하고 있다는 소식이었다. 나갈길은 당황했다. 그의 아이디어를 도용한 한 기업이 다른 비영리단체와 거의 같은 컨셉의 행사를 진행했던 것이다. 이 소식이 〈모아모아〉에 알려지면서 나갈길은 더욱 난처해졌다. 다른 회사에서 그런 행사를 하고 있다면 분명 기획 자체는 좋다는 뜻이다. 반면 그 좋은 기획을 성과로 연결시키지 못했다면 접근방식이 문제라는 지적이었다. 격려가 아닌 비난어린 지적이 사내에 돌기 시작했다.

"박진정, 나 오늘 기분이 영 아니다. 내가 제안할 때는 콧방귀도 안 뀌던 기업이 내 아이디어를 도용하다니! 내용과 컨셉이 완전히 똑같아! 헐~"

"그래.. 그건 좀 심했다."

"진정아! 이거 확 고소해버릴까?"

"철없는 소리 그만해. 도의적으로 맞지도 않는 말이고, 그 기업이 기부자가 될 지도 모르는데 고소해서 얻을 게 뭐있어? 그리고 기업에 맞서 싸운다는 건 승산이 없어."

"알아. 괜한 소리였어. 하아…. 근데 이 억울한 심정은 어떻게 하지?ㅜㅜㅜ"

"갈길아. 니 억울함을 따지기 전에 먼저 기업과의 평소 관계를 생각해봐. 평소엔 관심도 없다가 그렇게 문서하나 던져놓으면 덥석 물 줄 알았니?"

"너 정말 차갑게도 말한다… 위로를 하는 거야, 지적질을 하는 거야? 좀 부드럽게 말할 수 없냐?"

"나갈길! 앞으로 너의 나갈 길을 위해 진지하게 조언하고 있는 거야. 생각해봐. 아무리 비즈니스 관점의 기업이라고 해도 상호 신뢰가 없는데 어떻게 함께 일을 하겠냐고."

"우리 〈모아모아〉처럼 투명한 조직은 없어. 홈페이지만 들어와도 모든 재정내역과 회의록까지 전부 공개되어 있잖아."

"나갈길, 넌 사람 채용할 때 이력서만 보고 뽑을 수 있어? 만나서 대화도 해보고 그 사람의 언행도 관찰하면서 판단하잖아?"

"그래서?"

"기업도 마찬가지라고 생각해. 문서만으로 그 단체의 신뢰성을 확신할 수 있겠냐구. 자주 가서 만나고 대화를 나누면서 관계를 쌓아야지. 신뢰란 그 관계 속에서 생기는 것이라고 난 생각해. 기업 담당자는 자신과 관계 맺은 그 직원의 자세를 보고 그 단체의 신뢰성을 평가하기 쉽거든."

"응. 좋아, 박진정. 그래서 하고 싶은 말이 뭐야?"

"그러니까 제발 마케팅 지상주의에서 벗어나라구. 모든 사람이 너처럼 이성적인 건 아냐. 모든 것이 분석과 문서로써 설득되고 결정되는 것도 아니구."

"또 그 얘기냐... 에휴... 오늘은 반대할 힘도 없다. 더 해봐..."

"갈길아, 우리가 하는 일은 사람의 마음을 움직이는 일이야. 감동이 가장 중요해. 감동을 주지 못하는 마케팅과 분석은 의미 없어. 차라리 어설픈 문서라도 진정성이 담겨있고, 또 사람 한번 찾아가서 관계를 구축하며 상대방에게 신뢰를 주고 감동을 주는 거.. 이런 게 우리에게 필요한 일이라고 생각해."

"할 말 더 남았어?"

"물론이지. 그 기업이 널 배신했다고 생각하는지 몰라도 그건 아냐. 사실 그 기업 입장에서는 배신이라고 생각도 안 할 거야. 니가 비즈니스적으로 접근했으니 상대방도 비즈니스적으로 가장 유익한 것을 선택했을 뿐이지 뭐. 그니까 이제부터라도 모든 걸 이성적으로, 혹은 마케팅의 시각으로만 바라보지 않았으면 해."

나갈길은 기업과 일을 할 때 자신의 행동을 되짚어 보았다. 평소 때는 한 번도 찾아가지 않다가 갑자기 찾아가서는 불쑥 제안하는 방식엔 분명 문제가 있었다. 내용이 좋으면 기업이 받아줄 것이라 믿었는데 그것은 하나의 가능성일 뿐 정답은 아니었다. 내용과 문서로 승부가 날 것이라 믿었던 그의 생각이 흔들리는 순간이었다. 같은 제안내용이라도 기업과의 관계성이 일의 결정에 있어서 중요한 변수라는 점이 이번의 교훈이었다.

퇴근할 무렵 나갈길은 굵은 고딕체로 '나갈길 과장'이라고 인쇄된 이름표가 새겨진 자신의 책상을 쳐다보았다. 막내시절엔 과장이 꽤 높아보였는데 지금 생각해보니 아직도 배울 것이 많고 갈 길은 멀기만 했다.

그는 창가에 앉아 문득 창밖을 멍하니 바라보았다. 곰곰이 생각해보니 마케팅에서 말하는 요체는 다른 게 아닌 듯했다. 공감과 차별화의 균형, 그것은 결국 상대가 원하는 것을 채워주려는 노력에 있는 것 같았다. 상대의 욕구를 알고 그들이 어디에 있는지 찾아내 원하는 것을 전달해 주는 일, 바로 그런 것이 아닐까 그는 생각했다.

'도구와 기법'이라는 나무를 벗어나 '관점'이라는 숲을 보게 된 퇴근길. 이 단순한 깨달음을 위해 먼 길을 돌고 돌아온 나갈길이었다.

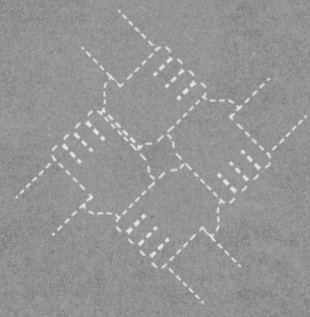

비영리조직의 힘,
전략기획이란
무엇인가?

나갈길이 〈모아모아〉에 합류한 지 3년이 넘어가고 있었다. 나갈길은 이벤트 모금의 직무를 떠나 팀의 허리로서 여러 가지 프로젝트에 관여하고 있었다. 과거의 시행착오는 나갈길에게 큰 자양분이 되었다. 〈모아모아〉의 성장세와 함께 모금팀도 더욱 보강이 되고 있었다. 둘은 조직의 과장으로서 나름 시너지를 발휘하고 있었다. 나갈길의 생각도 많이 유연해 졌다. 박진정은 그런 나갈길이 좋았다. 팀워크는 절정을 향해 가고 있었다.

그러나 모든 것이 완벽할 수는 없었다. 요새 들어 둘은 공통된 고민이 생겼다. 중간관리자로 3년을 지내다 보니 드는 고민, 바로 팀 관리에 대한 것이었다. '어떻게 하면 팀원을 움직일 것인가,' '어떻게 하면 세 명의 팀으로 다섯 명의 팀과 같은 효과를 낼 것인가'가 최근 이 둘의 고민거리였다.

하위 직급일 때는 자기 일만 잘하면 문제가 없었다. 결정은 위에서 했고 따르기만 하면 됐다. 지금은 자신의 일만 잘한다고 해서 끝나는 것이 아니다. 실무적인 일보다는 오히려 팀워크 형성이 중요하다. 사람들에게 방침과 비전을 제시하며 동기 부여하는 능력이 더 요구된다. 팀의 힘을 하나로 모아내는 통솔력이 더 필요한 직무능력이다.

고민의 요지는 이것이었다. 정체였다. 어느 정도 조직이 성장하자 구성원들은 안정감을 느꼈다. 그리고 안정된 운영을 위해 조직은 통제를 늘렸다. 통제를 많이 받게 된 직원들은 실패를 피하는 방향의 일처리를 추구하며 더 이상 새로운 도전이나 혁신을 시도하지 않았다. 괜한 실패를 초래하는 것 보다는 주어진 일을 잘 처리해내는 것이 현명한 처신이라고 여기는 까닭이었다. 나갈길이나 박진정의 근본적인 고민은 이 점이었다. 이 조직에 다시 활력을 불어넣기 위해서는 무엇을 해야 하는지, 조직의 단합된 힘은 과연 어디서 기인되는지, 그런 문제였다.

그런데 이 문제는 비단 직원의 동기부여와 팀 활성화의 문제로만 국한되는 것은 아니었다. 모금을 하는 단체의 특성상, 그리고 모금팀의 특성상 맨파워의 부실은 모금액 저하로 직결되기 때문이었다. 나갈길과 박진정은 이러한 특성을 모르는 것이 아니었기에 두 마리 토끼를 잡기위한 방법을 고심하게 되었다. '직원 활성화와 모금액 신장, 어떻게 두 마리 토끼를 잡을 것인가?' 최근 그들의 공통된 핫 이슈였다.

"야 나갈길, 요새 팀 분위기가 나쁜 건 아닌데 한데 조금 아쉬운 게 느껴지지 않니?"

"진정이 너도 그렇게 느꼈구나? 그래 분위기가 나쁘진 않은데 뭐랄까.. 조금 정체되어 있다고나 할까? 이렇게 가다간 모금수입도 정체되거나 차차 하락할 거 같아 걱정도 되고.."

"음.. 자신의 일이 전체 조직의 방향과 어떻게 연결되는지를 모르기 때문이 아닐까 싶어."

"그래 박진정! 우리 기관이 한 단계 점프하려면 지금 하던 방식으로만 일해선 안 될 것 같아. 안정된 건 좋지만 혁신이 필요한 건 오히려 안정된 지금이라고 봐. 하지만 막연히 열심히 하자는 것만으로는 안 될 거 같아."

"갈길아, 이럴 때 우리 갈 길을 좀 시원하게 말해줘라. 헤헤~"

"정 원한다면 흠흠.. 구성원들에게 동기 부여한다는 건 개인적인 문제로 끝나지 않고 조직의 성장으로 연결된다고 생각해. 즉 우리 같은 단체의 경우, 구성원들이 활력을 얻으면 모금액이 신장되겠지."

"오올~ 멋져. 니 말을 들으니 이제 방향은 대략 알겠는데 구체적으로 어떤 것부터 해야 할까?"

기업의 힘은 돈에서 나온다. 돈을 많이 주면 유능한 인재가 몰려오고 충성도는 높아진다. 반면, 비영리조직은 돈이 여유로운 곳이 아니다. 돈으로 누군가를 끌어올 수도 없고 돈으로 누군가의 마음을 살 수도 없다. 설사 기업 수준의 급여를 제공하는 곳이 있다 해도, 비영리조직에서 일하기로 결정한 사람들은—기업에 취직한 사람들과 비교했을 때—돈이 인생의 최우선 순위는 아닌 부류일 가능성이 높다.

누구나 기본적인 생활보장과 일정 정도의 윤택함을 추구하지만 그것이 끝없는 부의 축적을 뜻하는 탐욕과 동일한 말은 아니다. 적어도 비영리조직에서 일하는 사람들이라면 급여가 그들의 최고 가치는 아닌 것이다. 그러니 '돈이 아니라면 이들을 어떻게 동기부여 할 것인가'가 중요한 주제가 된다. 나갈길과 박진정의 고민의 핵심이었다.

그 둘은 먼저 스스로를 돌아봤다. 나갈길도 박진정도 비영리조직에서 일하기로 마음먹었던 이유는 무언가 보람찬 일을 하기 위해서였다. '좋은 일'을 하면서 보수를 받는 직업을 선택하고 싶었던 것이다.

"진정아, 아무리 생각해도 그런 것 같아. 돈도 좋지만, 마음 속의 만족감이 없으면 난 동기부여가 안 될 것 같아."

"나도야. 내가 지금 사회적으로 유의미한 일을 하고 있다는 확신을 잃어버리는 순간, 힘도 빠지고 자신감도 떨어지거든."

"예전에는 〈모아모아〉의 뜻과 정신이 좋아서 합류하는 사람들이 많았다면, 지금은 그저 직장의 개념으로 여기는 사람들이 많아진 거 같아."

"그치. 협업은 사라지고 부서 이기주의는 많아졌지.."

"진정아, 이런 것이 관료화가 되어 간다는 건가?"

"그런 거 같아. 단체가 덩치가 커지면 관리를 위해서 통제를 늘리게 되는데, 아마 우리가 지금 그 상황일지도 몰라. 생각해봐. 모든 것을 윗선의 결정과 지시에 의존하게 되고, 내부의 자발성과 토론은 사라졌잖아. 우리 같은 허리역할도 사실 아무런 결정권한이 없고 말야.^^"

자신의 일이 여전히 사회적으로 유의미한지, 그것이 자신에게도 보람과 긍지를 주는지, 자신의 신념과 가까운 방향으로 조직이 나아가고 있는지, 주위 사람들이 자신이 하는 일에 격려와 지지를 보내는지, 이러한 질문에 스스로 긍정적인 답을 했다면 그 조직은 건강한 것이라고 그들은 판단했다.

요컨대, 개인의 신념과 조직의 신념이 일치할수록 조직은 건강한 것이라 볼 수 있고, 바꾸어 말해 조직의 방향을 개인이 잘 이해하고 있을수록 그 조직은 건강하다고 볼 수 있다는 것이다. 그것을 간단하게 압축해서 '개인과 조직 간의 가치 공유'라 불렀다. 〈에코개코〉에서부터 이러한 고민을 지속해왔던 나갈길은 박진정과의 허심탄회한 대화를 통해 다음의 몇 가지를 정리해 봤다.

비영리조직의 힘은 △사람들로부터 나온다는 것, △사람들은 자신의 가치와 조직의 가치가 일치될 때 큰 힘을 발휘한다는 것이 핵심이었다. 이 때 나갈길은 무언가가 머리에 떠올랐다. 과거 〈에코개코〉에서 박진정이 거론했었던 '전략기획'(strategic planning)이었다. 조직의 힘을 하나로 모으기 위

> **비영리조직의 힘은 어디에서 생기는가?**
>
> ※ 조직 가치 공유가 구성원들 사이에서 형성될 때
> - 우리가 지향하는 가치와 방향을 구성원이 함께 결정하고
> - 그 결과가 외부 사람들과 함께 공유되어 공감이 발생할 때
> - 이를 통해 논의에 참여했던 모든 사람들이 조직 내에서 자기과업의 의미를 찾을 때

해 전사적으로 토론을 진행하는 것, 그것을 당시 박진정은 전략기획이라고 말했던 것을 그는 기억해 낸 것이었다.

"진정아! 전략기획! 우리 그거 한번 해보자!!!"
"오 나갈길!! 그래, 그게 지금 필요해!!!"

나갈길과 박진정은 의기투합했다. 그들은 모든 구성원이 조직의 방향과 전략 수립을 위해 참여하는 워크샵을 박본부장에 제안했다. 그 둘의 설명을 들은 박본부장은 다음과 같이 반응했다.

"나과장, 그리고 박과장, 자네 둘 생각에 나도 전적으로 수긍하는 바야. 그런데 조직의 방향을 정하는 데 이렇게까지 거추장스럽게 할 필

요 있겠나 싶어. 윗선을 설득해야하는 것도 부담스러워. 또 이사들을 어떻게 다 동원한단 말인가. 하나같이 바쁜 분들인데."

"본부장님, 박진정과 저의 생각을 한번만 믿어주십시오. 조직의 혁신은 슬로건으로 되는 것이 아닙니다. 또 강제적으로 지시한다고 해서 되는 것은 더더욱 아니구요. 처음엔 거추장스럽게 여겨지시겠지만 워크샵 후에는 분명 잘했다는 소리가 나올 겁니다."

"알겠네. 그렇게 해보지. 하지만 나도 확신에 차서 하는 일은 아냐. 정말 자네 둘만 믿고 추진할테니 눈에 보이는 성과가 꼭 있어야 해. 만일 결과가 좋지 않다면 사람들은 과거방식이 더 좋다고 아우성 칠 거야. 무슨 뜻인지 알지?"

"네! 감사합니다. 본부장님!"

나갈길과 박진정은 환호성을 질렀다. 나갈길은 가장 먼저 총무팀장에게 협조를 요청했다. 나갈길과 박진정은 총무팀장에게 전략기획 워크샵에 대한 필요성을 설명하고 총무팀의 지원을 요청했다. 총무팀장의 반응은 대단히 부정적이었다.

"나과장, 그리고 박과장, 자꾸 왜 일을 벌리려는 겁니까? 이런 요식행위 없이도 〈모아모아〉는 문제가 한 번도 없었어요. 조직의 방향은 윗선에서 정하는 것이고 우리는 그것을 따르는 사람들입니다. 그렇게 중요한 일을 어중이 떠중이 다 모아놓고 하자는 게 난 통 이해가 안갑니다."

"팀장님, 바로 그게 우리의 문제라고 생각합니다. 윗선에서 결정해서 내리는 상명하달의 문화가 〈모아모아〉의 생명력을 서서히 저하시키는 원인입니다."

"그렇다면, 조직에서 대표는 왜 있고 직책, 직위는 왜 있는 겁니까? 인사를 담당하는 내 입장에서는 수용하기 힘든 관점이에요. 생각해 봐요. 윗사람, 아랫사람마다 각자의 역할이 있는 겁니다. 대표님과 이사님들 힘들게 모셔놓고서는 막내사원들과 함께 토론시키자구요? 거기서 전체 조직의 방향을 결정하자구요? 난 이런 얘기 직장생활 15년만에 처음 들어요!"

"아니요, 팀장님, 그런 수직적인 조직 체계를 흔들자는 게 아닙니다. 상명하달이 고착화될수록 직원들은 자신의 일을 진정으로 자신의 것이라 받아들이지 못합니다. 그저 지시받은 일이니까 처리한다는 식으로 받아들일 뿐이죠. 진정으로 윗선의 지시를 성심껏 하게 만들려면 이러한 워크샵을 하지 않고서는 힘들다는 겁니다."

"그거하면 다 해결된다는 거에요? 책임질 거에요? 이사님들 모셔놓고 헛발질하면 다 내가 책임져요! 나과장이 책임지는 거 아니에요!"

"팀장님, 처음에는 생소하고 낯설겠지만 조직의 힘이 어디서 생겨나는가를 고민해본다면 아마 이해가 되실 겁니다. 총무팀에서도 직원들에게 혁신하자는 메시지를 자주 보내지만, 잘 안 지켜져서 힘들다는 거 알고 있습니다. 아무리 열심히 하자고 하면 뭐합니까? 여전히 직원들은 지각도 하고, 관료화 되고, 나태해지고, 책임을 떠넘기는 이런 문제들이 해결 안 되고 있잖습니까?"

"뭐.. 그건 그래요... 가끔 윽박도 지르고 혹은 잘한다고 보상도 주지만 직원들이 내 맘 같지는 않죠. 그런데요? 그게 이것과 무슨 상관입니까?"

"바로 그겁니다. 왜 직원들이 자발성을 잃어버렸냐는 겁니다. 왜일까요? 사무실의 긴장도를 더 높이고 더 높은 수준의 통제를 총무팀에서 주면 직원들이 정신 차릴까요?"

"그건 당연한 거 아닌가요? 직원들은 통제의 대상입니다. 더 쪼아야 해요. 그럼 나과장 말대로 하면 더 풀어주라는 얘깁니까? 그러다 조직 망해요!"

"팀장님, 직원들을 더 쪼일지 풀어줄 지는 중요한 게 아니라고 봅니다. 중요한 건 그 사람들에게 조직의 방향을 내재화 시키는 것이 중요하다는 겁니다."

"내재화라니, 쉽게 좀 말 해봐요."

"조직의 방향과 자기 직무의 방향을 동일하게 정렬시키는 작업, 조직의 가치와 자신의 삶의 가치를 일치시키는 작업, 조직의 일에 자신의 직무가 밀접하게 관계가 있다는 것을 알려주는 작업, 그것이 전략기획 워크샵이 추구하는 것입니다."

"그래서요?"

"그렇게 되면, 구성원들의 자발성이 지금보다 더 올라가겠죠. 왜냐?

자신이 담당하는 일의 의미를 찾을 테니까요.. 그리고 보람을 느끼게 되니까요.. 그게 비영리조직을 자신의 일터로 선택한 사람들이 원하는 진정한 가치이니까요…"

긴 논쟁은 여기서 끝났다. 총무팀장은 나과장의 끈질긴 설득 끝에 이번 한번만 전략기획 워크샵에 도움을 주겠다는 대답을 하고 돌아갔다. 나과장은 이 워크샵의 성사를 위해 필요한 준비사항을 총무팀장에게 이메일로 요청했다(p. 76 참조).

그 사이 박본부장은 전략기획 워크샵 시행에 대해 최종 결재를 받았고 총무팀장에게 완결문서를 전송했다. 총무팀장은 내키지는 않았지만 최종 결재까지 난 사항이라 나갈길의 요청사항에 협조하기로 했다.

드디어 한 달 간의 초청 및 준비작업이 끝나고 D-데이가 되었다. 한 달 간 나갈길과 박진정은 전략기획 워크샵을 이끌어갈 프리젠테이션을 만들었다. 그 주요내용은 전략기획이란 무엇이고 왜 필요한지, 그리고 각 절차와 단계는 어떤 의미가 있는지, 그리고 각 단계별로 토론을 해야 할 주제를 제시하는 프리젠테이션이었다. 나갈길은 프리젠테이션과 토론진행을 담당하기로 했고 박진정은 기록을 담당하기로 했다. 토론조에 따른 자리배치는, 이사그룹, 직원그룹(팀별로), 자원봉사 그룹, 기부자 그룹 등으로 나누었다. 완전히 섞어서 토론조를 구성하면 어떨까 고민했으나 이해관계가 비슷한 부류끼리 묶는 것이 조금이나마 토론이 활발하게 되지 않을까 하는 생각에 이번에는 큰 변화를 시도하지 않기로 했다.

TO: 총무팀장 (From 나라장)

팀장님,

저의 제안을 수락해 주셔서 감사합니다.

팀장님 하시는 일에 누가 되지 않도록 최선을 다하겠습니다.

관련해서 아래의 사항들을 협조해 주시면 감사하겠습니다.

전략기획 워크샵을 위한 사전 준비사항

- 장 소: 8시간을 토론할 수 있는 워크샵 장소 대관
- 초청대상: <모아모아>의 대표 및 이사, 자문위원회 주요 멤버, 주요 기부자, 전 직원, 자원봉사그룹의 임원, 우리 지역의 주요 인사(관공서 및 유관단체 임원)
- 준비물: <모아모아>의 연간보고서, 중장기 발전계획서, 올해 각 부서의 사업계획서, 예결산서, <모아모아>소개 책자 등 <모아모아>를 파악할 수 있는 문서

팀장님,

협조에 다시한번 감사드립니다. 이 은혜 꼭 갚겠습니다.

나갈길 과장 드림

이번 전략기획 워크샵의 참석 규모는 대략 80여명이었다. 생각보다 많은 인원이 참석의사를 밝힌 덕분이었다. 전화로 초청작업을 할 때 처음에는 다들 생소해했지만 그 취지를 설명들은 후에는 모두들 의미있는 자리라며

참석을 희망하는 모습이었다.

전략기획 워크샵을 준비한다.

전략기획은 조직에 관계된 모든 이해관계자(stakeholder)가 참여하는 회의다. 따라서 준비할 것이 많으며 사전 준비가 잘 될수록 결과의 질이 높아지게 된다. 참석대상은 내부 관계자와 외부 관계자로 구분해 볼 수 있는데 먼저 내부 관계자는 직원, 자문그룹, 각종 위원회, 이사진, 대표 등이며 외부 관계자는 기부자(후원자), 자원봉사자, 유관단체 임직원, 지역사회의 주요 인사, 퇴사한 직원이나 과거 임원 등이다. 전략기획 워크숍을 개최하기 전 준비해야하는 또 하나의 준비물은 조직에 대한 자료를 수집하는 일이다. 미션, 비전 등 선언문과 연간계획서나 연간보고서, 예결산서나 감사보고서 등 조직을 파악할 수 있는 관련 문서를 준비한다. 이는 전략기획 워크숍에 참석하는 사람들로 하여금 조직을 한 눈에 파악할 수 있도록 돕는 역할을 하여 효율적인 회의를 만드는 데 일조한다.

미션과 비전을 숙지한다.

조직의 미션이나 비전과 같은 큰 방향은 쉽게 변하지 않는 속성을 가지고 있다. 그러나 변하지 않는 것이라고 해서 점검조차 하지 않는 것은 미션과 비전에 대한 구성원들의 이해도를 떨어뜨리는 일이다. 이러한 이유로, 전략기획의 과정에서는 미션과 비전에 대한 숙지를 모든 구성원으로 하여금 하도록 권유하고 있다. 미션과 비전은 조직의 근간을 설명하는 선언문이므로 모든 전략기획의 과정에서 가장 중요한 것이기 때문이다.

환경 분석을 한다.

	강점(S)	약점(W)
기회(O)	강점-기회 전략(투자)	약점-기회 전략(방어)
	기회를 이용해 강점 활용하기	기회 이용해 약점 방어하기
위기(T)	강점-위기 전략(결정)	약점-위기 전략(제거)
	강점을 이용해 위기 보완하기	위기에서 투자를 제한하며 약점 제거하기

조직이 처한 환경을 분석한다. 환경 분석은 내부 환경 분석과 외부 환경 분석으로 나뉘는데, 내부 환경 분석은 통제가 가능한 요인들에 대한 분석이고 외부 환경 분석은 통제가 불가능한 요인들에 대한 분석이다. 전자는 조직의 재정 상태는 어떤지, 인력 관리 현황은 어떤지, 기부자들의 욕구는 어떤지, 이사회 운영현황은 어떤지, 프로그램이나 사업의 운영현황은 어떤지를 점검하는 일이다.

그에 반해 후자는 법제도의 변화라던가, 경쟁기관의 경쟁상황이라던가,

사람들의 의식변화나 기관의 평가 등을 점검하는 일이다. 이 환경 분석에 SWOT분석을 적용해 보면 쉽게 풀릴 때도 있다. 전자는 조직의 강점과 약점을, 후자는 조직을 둘러싼 위기와 기회를 점검하는 것이다.

미션과 비전을 점검한다.

미션은 가장 넓고 큰 개념으로 조직의 존재 이유를 설명한 글이다. 미션에는 이 조직이 왜 존재하는지 그 이유와 궁극적 지향점을 기술하고 그것을 이루기 위해 어떠한 일을 하는지가 반드시 포함되어야 한다. 비전은 조직이 원하는 미래의 청사진이다. 조직과 조직의 이해관계자가 갈망하는 미래의 한 장면을 기술해 놓은 것이라 생각하면 된다. 주로 5년 이내의 원대한 목표를 묘사하는 게 일반적인데 이를 통해 모든 구성원은 동기부여가 되어야 하며 그렇지 못하면 그 비전은 생명력이 없는 비전이 된다. 따라서 비전은 미사여구 보다는 실제 실현가능한 것을 기술하는 것이 좋다. 미션과 비전은 모두 앞의 상황 분석에 근거해야 한다.

목표(목적)과 전략을 설정한다.

미션과 비전이 정립된 후 목표(목적)을 설정한다. 목표나 목적은 조직의 미션이 성립되기 위한 핵심적인 요소들이다. 조직 전체의 목표(목적)를 설정할 때 3~5개 정도로 설정하며 측정이 가능하도록 수치로 표현되는 것이 좋다.

이렇게 목표(목적)가 설정되고 나면 그것을 이루는 방법(수단)을 고안한 것이 전략이다. 어떤 방법을 취하고 어떻게 행동해야 성공적으로 미션과 목표(목적)을 이룰 것인지를 기술하는 것이 전략이다. 구체화를 위해 수치와 기한을 표시하는 것은 효과적인 방법이다.

실행계획을 설정한다.
위의 모든 것을 현실화시키기 위한 사업계획을 뜻하는 단계다. 실행계획은 사업계획서, 홍보계획서, 모금계획서 등 모든 계획서를 포함한다.

실행하며 평가한다.
전략기획을 마치고 난 후 도출된 결과를 보고서로 작성해서 이사회의 승인까지 받게 되면 전사적인 힘이 결집되는 것에 도움이 된다. 전략기획에서 정리된 내용대로 실행을 한 후 1년 후 평가의 때가 되면 전략기획에서 설정했던 목표대로 실천했는지를 평가한다. 이 때 평가지표는 별도로 고안하는 것이 아니라 애초 전략기획에서 정리된 목표(목적)나 전략 등을 볼 때 그것이 얼마나 실현되었는지를 평가하는 것이다.

참석자들을 각 토론조로 분류하니 한 조에 8명씩 배치해 10개의 조가 나왔다. 한 조가 하나의 원탁을 차지한다. 모든 원탁 위에는 총무팀에서 준비한 회의자료들, 즉 〈모아모아〉를 파악할 수 있는 관련문서가 올려진다. 이

옥고 사람들이 입장하고 나갈길의 간단한 행사 안내와 프리젠테이션이 시작됐다. 모두들 처음 접하는 상황과 환경에 어리둥절해 했지만 이내 나갈길의 프리젠테이션에 집중하기 시작했다. 나갈길은 이 자리가 오늘 왜 마련된 것이고, 무엇을 위한 것이며, 어떤 주제를 토론해서 어떠한 생산물을 산출해야 하는지에 대해 설명했다.

나갈길의 프리젠테이션이 끝난 후 첫 번째 주제에 대한 토론이 시작되었다. 토론의 방식은 조별 분임토론 후 각 조별 발표를 하면 사회자가 정리해 가는 방식이었다. 사람들은 자리에 앉아 처음에는 데면데면 했다. 그러나 시간이 갈수록 분위기는 바뀌었다. 처음에 주저하던 사람들도 평소 묻어둔 생각을 꺼내놓기 시작했다. 조직의 미션과 비전을 점검하고 새로운 환경에서의 올해 전략목표와 사업계획까지 의견을 모은 모든 사람들의 표정은 진지했다. 동시에 얼굴엔 생기가 돌았다. 자신의 의견이 조직의 방향에 반영된다는 기대는 모든 사람들을 몰입하게 만들었다.

시작할 때 딴청을 피우던 사람들도 '〈모아모아〉의 미션을 점검하자거나', '올해 조직의 목표를 토론하자거나' 하는 토론주제가 주어질 때마다 이내 목소리를 높이며 열띤 토론에 빠져드는 풍경이 펼쳐진 것이다. 가장 말이 많고 적극적인 그룹은 고액 기부자 그룹이었다. 조직에 대해 서운하고도 직설적인 말들이 쏟아져 나온 것도 이때였다. 그때마다 이사들은 귀를 쫑긋 세웠고 관련 팀 직원들의 그것을 받아 적기에 바빴다.

올해 사업계획에 대한 토론으로 전체 순서가 마무리 될 무렵 분위기는 예상했던 것보다 훨씬 좋았다. 모두들 토론을 즐기는 분위기였다. 모든 관계자들이 한자리에 모여 온전히 〈모아모아〉만을 위해 생각하고 몰입하는 시간은 처음이었다. 워크샵을 진행하던 나갈길도 워크샵의 어느 순간부터 자신감이 넘쳐났다. 특히 워크샵 중간 중간, 사무실에서 늘 힘겨워하던 막내사원들의 눈에 총기가 다시 보였을 때 나갈길은 더할 수 없는 보람과 희열을 느꼈다. 이 날의 워크샵은 대성공이었다. 대표부터 막내사원까지 모든 사람이 빠짐없이 자신의 의견을 피력했던 시간이었다. 특히 나갈길이 〈모아모아〉 임원진들에게 '오늘만큼은 말을 하는 것보다는 들어주십시오.'라고 반복 요청했던 덕에 많은 사람들이 더 많은 이야기를 할 수 있었다. 의견을 피력한 외부 사람들은 〈모아모아〉를 앞으로 더 관심 있게 지켜보게 되는 효과가 있을 것이라 나갈길은 확신했다.

　워크샵이 끝나고 사람들이 회의장을 빠져나갈 때 많은 사람들이 나갈길에게 수고했다며 인사를 건넸다. 기부자들은 다음에도 이런 기회를 만들어달라며 부탁까지 했다. 뜻하지 않았던 큰 호응에 나갈길과 박진정 뿐만 아니라 본부장과 다른 임원들까지도 어깨가 으쓱해졌다.

　사람들이 〈모아모아〉를 불평하고 비난하는 것이 아니라 애정 어린 조언을 한다는 관점의 변화는 오늘의 자리를 불편한 자리가 아니라 오히려 유익한 자리로 여기게 만들었다. 박진정은 모든 토론 내용을 정리했고 문서화했다. 워크샵에 참석했던 사람들을 대상으로 결과보고서가 발송됐고 사내 게시판에도 공지되었다.

이후 직원들과 기부자들과의 관계는 매우 친밀해졌고, 〈모아모아〉 내부의 소통은 더욱 원활해졌다. 직원들은 자신의 일에 책임감을 갖는 것 뿐 아니라 스스로 의미를 부여하기 시작했다. 이러한 변화는 〈모아모아〉의 업무 효율성을 바탕으로 한 성공적인 모금사업의 튼튼한 토대가 되었다. 모두들 어디로 가야할지 이해하고 있었으며 그 방향을 위해 내가 무엇을 해야 할지 스스로 파악할 수 있었던 덕택이었다.

"나갈길! 아 정말 생각할수록 신기해! 정말 조직에 생기가 도는 것 같다! 근데 갈길아, 궁금한 게 생겼어. 전략기획 워크샵, 니 말대로 해보니까 큰 변화가 있어서 정말 좋았어. 그런데 이거 매년 꼭 해야 할까?"
"진정아, 노노. 매년하면 좋지만 꼭 그럴 필요는 없고 2~3년에 한 번씩 해도 될 거 같아. 미션과 비전은 매년 바뀌는 것이 아니니까 해당 연도의 목표 같은 것만 새롭게 설정하면 될 것 같아. 게다가 조직의 목표가 2~3년짜리라면 굳이 매년 할 필요는 없을 것 같아."
"그래? 근데 10명도 안 되는 작은 단체라면 이렇게까지 워크샵을 할 여력이 있을지 그게 걱정이야. 우리 지역의 지부들을 봐봐 대부분 10명 남짓이잖아. 만일 지부 자체적인 전략기획 워크샵을 한다고 하면…"
"응. 전략기획의 절차를 기계적으로 꼭 지킬 필요는 없다고 생각해. 많은 전문가들도 전략기획의 절차를 자기 단체의 상황에 맞게 변형해서 수행하라고 조언하고 있어. 중요한 건 절차를 지켜내는 형식에 있는 게 아니라, 다 함께 조직의 방향을 고민하고 토론해보자는 그 취지가 중요한 거라는 게지."

"흠.. 그렇구나. 이제 좀 정리가 된다."

"진정아, 이번 워크샵을 통해 크게 느낀 게 있다면, 모금에서 제일 중요한 건 전략기획이 아닐까 하는 생각이야. 넌 어떠니?"

"그래, 실제 경험해 보니까 정말 그런 거 같더라. 뭐랄까. 성공적 모금의 대전제랄까?"

"조직에서 전략을 논할 때, 그게 모금전략이건 홍보전략이건 뭐건 간에 전략기획 워크샵이라는 과정을 수행하지 않고서 전략적인 사업계획을 수립한다면 그건 말이 안 된다고 생각도 들었어."

"좋고~"

"전략이란 모든 환경에 대한 경우의 수를 검토해서 그것에 맞는 방향을 산출해 내는 것이라 할 수 있지. 그러기 위해선 현재 우리가 어디에 있는지를 분석하는 환경 분석도 필요하고 그 환경변화에 따라 우리 방향과 과제를 설정하는 복잡한 일련의 과정을 수행해야 하는데 전략기획 워크샵은 이 모든 과정을 한방에 해결할 수 있는 유용한 프레임워크(frame work)라고 생각해."

"참 말 잘한다."

"엉?"

"나갈길! 너 말 참 잘 한다구! ^^"

"진정이 너 지금 뭔 소리하는 거야? 밑도 끝도 없이?"

"칭찬해도 난리네! 훗~"

"맥락에 맞는 칭찬을 해야지.. 지금 게거품 물고 설명하는데 힘 빠지게 스리.."

"헤헤 미안."

"박진정. 너 나 좋아하냐?"

"품. 갈길아, 여기 캔커피 마시고 속 차려라. 난 먼저 퇴근할께. 빠이~"

'(커피?? 뭐야, 헷갈리게..)'

모금과 맨파워의
그 오묘한 관계

〈모아모아〉에 입사해 5년의 시간을 보낸 나갈길이었다. 그 사이 나갈길과 박진정의 시너지는 조직에서 좋은 성과로 나타났다. 나갈길은 올해 초 과장에서 부장으로 승진해 〈모아모아〉 중앙본부의 모금팀 팀장이라는 중책을 맡게 되었고 박진정도 동시에 승진해 〈모아모아〉에서 가장 큰 지부인 B지부의 사무국장으로 발령을 받았다.

그간 박진정과 서로의 성장을 돕는 토론과 새로운 시도는 그에게 노련함을 선사했다. 모금팀은 새로운 기부상품을 꾸준히 개발했고 〈모아모아〉의 모금수입은 괄목 성장했다. B지부 사무국장으로 발령을 받은 박진정이 어느 날 나갈길에게 전화를 걸어왔다.

"어이 나갈길~! 중앙본부 모금팀장이라니 멋진데? 갈 길 몰라 헤매던 나갈길이 팀장님이 되시다니? 하핫!"

"진정아, 진정어린 축하는 고맙다만 그만 진정해라. 중앙본부 모금팀장은 앞으로 나갈 길이 아니라 고생길이란다. 근데 어쩐 일로 전화야? 이메일로 하지."

"아주 들떠 계시구만 히히. 나팀장, 사실 내가 상의할 게 있어서 전화했어. 딴 게 아니라, 지역 현장에 내려와 보니 우리가 그동안 함께 토론하고 고민했던 것과는 또 다르다는 걸 느끼고 있거든."

"뭔데 그래? 직원들에게 왕따라도 당하고 있는 거야?"

"개똥같은 소리 그만하고 잘 들어봐. 나갈길."

"입 닫았으니 말하세요. 박국장님."

"막상 지부에 와보니, 전략기획이니 마케팅이니 적용을 하려고 해도 쉽지가 않아."

"뭐가 문젠데?"

"우리 B지부 직원들의 기초 직무역량이 많이 부족한 거 같애."

"왜, 너보다도 일 못해? ㅋㅋㅋ"

"흠... 이런 말 하긴 좀 그런데.. 사실 여기선 내가 제일 잘 나가.."

"품! 코 나왔다 야. 그만 웃겨라 박진정!"

박진정의 B지부는 우수한 실적을 자랑하고 있는 지부였다. 박진정은 지역 현장의 직원들에게는 다른 무엇보다 기초적인 직무교육이 중요하다고 설명했다. 박진정은, 개인모금의 경우는 시장을 분석하고 틈새시장을 개발하는 역량, 그리고 그것을 공략하기 위해 네트워킹하고 미디어들과 협조해 가는 능력, 이러한 모든 과정을 전략적으로 설계하는 능력이 필요하다는 것이었다. 기업모금의 경우도 비슷하다고 했다. 기회가 주어졌을 때 제안할 사업제안서의 작성(기획)능력과 프리젠테이션 발표능력 등이 필요하다는 것이었다.

과거의 경우, 기업 담당자와의 일대일 미팅이 많은데 이를 통해 상급자(관리자)만 설득하면 일이 성사되는 되는 경우가 많았지만 최근 변화된 기업문화에 의하면 해당 팀 앞에서의 발표가 많아졌고, 간부 한명의 결정보다는 구성원들의 뜻을 모아 결정하는 경우가 일반화됐다는 것이다.

따라서 기업과 공동으로 일을 할 때에 알아야할 점은 상부 지시에 따른 기부 결정은 신속하나 오래 못 가 중단되는 경우가 많은 반면, 구성원들이 동의해서 기부를 결정하는 경우는 그 결정이 더디긴 하나 기부가 지속되는 경우가 많고 파트너십이 튼튼해지는 경우가 많다는 것이었다.

박진정은 종합적인 사고력이나 기초적인 직무능력에 관한 필요성을 언급했다. 시장을 분석하고 그 흐름을 읽으며 무언가를 제안하고 설득하는 이 일련의 과정을 수행하는 능력이 필요하다는 것이었다. 한편 나갈길은 박진정의 요청을 마케팅에 대한 욕구로 분류했다. 박진정의 요구가 무엇으로 분류되던 간에 지부 직원의 역량이 향상되는 것은 결국 〈모아모아〉 전체의 모금실적의 상승으로 연결되기에 나길길은 즉시 교육구상에 착수했다. 그가 지부 모금담당 직원들을 위해 구상한 계획은 다음과 같았다.

모금담당직원들에게 필수적인 교육내용

- 전략적 사고 및 기획력 향상 교육
- 모금(기부) 제안서(프로포절) 작성 교육
- 프리젠테이션 발표 및 커뮤니케이션 교육

나갈길은 이와 같이 크게 3가지의 교육은 모금담당 직원들에게 필수적인 교육이라 생각했다. 특히나 지역의 지부 소속 직원들에게는 더할 나위 없이 필수적인 덕목이라고 생각했다. 이렇게 기재한 내용을 간략한 설명과 함께 전국 지부 사무국장들에게 이메일로 전송했다. 그런데 다음날 5명의 사무국장으로부터 회신이 왔다. 그 내용은 주로 비슷했는데 요약하자면 다음과 같았다.

<지역 지부 사무국장들의 회신>

나팀장이 보내온 교육내용이 직원들에게 필요한 내용이라고는 생각함.

그런데 깊은 고민이 있다거나 새로운 이야기로 보이지는 않음.

가령, 기획력 향상의 중요성을 몰라서 교육참가를 안 했던 것이 아님. 교

> 육을 받아도 효과가 없었기 때문임. 교육을 한번 받고 기획력이 향상된다 거나 서툴렀던 프로포절을 갑자기 능숙하게 작성하게 된다거나 혹은 발표할 때 더듬거리는 사람이 달변으로 바뀌지는 않는 까닭임.
> 그런 측면에서 이런 식의 교육에 회의감이 들 수밖에 없음. 깊은 고민 없는 이런 교육을 중앙본부에서 형식적으로 주최한다면 우리 지부 직원들을 보내지 않을 예정임.

나갈길은 뒤통수를 한방 맞은 느낌이었다. 이메일을 보낼 때 자신조차도 그러한 고민을 했음에도 불구하고 뾰족한 해결책 없이 보냈던 그였다. 사무국장들은 〈모아모아〉에서 10년 이상을 근속한 경력자들이 많았다. 지역 현장에서 잔뼈가 굵은, 그리고 나갈길보다 〈모아모아〉의 근속 기간이 더 긴 사람들이었다. 그런 사람들이 나갈길의 이메일을 보고 그냥 넘어갈 리가 없었다.

그들은 핵심을 알고 있고 정곡을 찔렀다. 변명의 여지가 없던 나갈길은 중앙본부의 모금팀장으로서 창피한 마음이 앞섰다. 지부 사무국장들의 말이 틀린 말이 아니었기에 나갈길은 수긍하는 수밖에 없었다. 그는 곧 수습을 시작했다. 깊은 고민 없이 발송했던 이메일에 대해 사과의 말과 함께 '처음부터 다시 고민해서 제안 드리겠다'는 내용의 이메일을 발송했다. 중앙본부의 초보 모금팀장의 호된 신고식이었다. 나갈길은 진지하게 교육구상에 돌입했다. 그리고 아래의 내용을 다시 지부 사무국장들에게 이메일로 발송했다.

<나갈길이 다시 제안한 교육계획(안)>

❶ 차별화된 조직의 방향, 차별화된 사업을 기획할 때 **전략적 사고를 향상**시키는 교육은 필수적임. 전략적 사고 향상은 데이터 분석 능력과 깊은 관계가 있음. 데이터를 관리하고 분석하는 능력을 향상시키는 교육을 통해 환경 분석이나 (잠정)기부자 프로파일링 등이 가능하며, 이러한 능력이 전제되어야 전략적 사고를 수행할 수 있게 됨.

❷ **모금 제안서(프로포절, 기획서)작성 역량**은 기획력 향상과 밀접하게 연관되어 있음. 따라서 제안서 작성 교육은 문서 스킬교육에 매몰되는 것보다는 논리적 사고력 향상 교육이나 창의력 향상 교육이 동반되어야 함.

❸ 기업에서 발표할 경우를 대비해 **프리젠테이션 발표능력을 향상**시키는 교육이 필요함. 다만 근본적인 커뮤니케이션 능력은 그 스킬도 중요하나 스킬의 활용을 저해하는 마음의 문제를 해소해주는 것이 중요함. 따라서 발표 훈련이나 엘리베이터 스피치 훈련 등과 함께 스트레스 관리나 각종 테라피 등의 **힐링 프로그램**이 동반 제공되어야 함.

❹ 가장 필요한 기본사항은, 사내의 선배 직원이 후배 직원에게 자신의 경험을 체계적으로 전수해 줄 수 있는 환경이 조성되어야 하는 것임. 또한 선배직원이 후배직원에게 **수퍼비전**을 줄 수 있도록 조직문화가 형성되어

> 야 함. 이를 위해 각자의 업무표준이 문서화되어있어야 하며 부서 내 교육훈련의 시간이 보장되어야 함. 이는 조직의 대표자가 앞서서 관심을 가져야 할 수 있는 일임.

그리고 나갈길은 하나의 참조문서를 첨부했다. 미국 A단체의 교육 분류표였다. 나길길은 이메일에서 앞으로 〈모아모아〉 직원교육을 체계화시킬 때 A단체의 분류를 참조하겠다는 설명을 덧붙였다(p. 95 참조).

나갈길은 지역 지부의 사무국장들에게 위 내용의 이메일을 보냈고 박진정에게 전화를 걸었다. 박진정은 나갈길이 새롭게 제안한 교육의 대략적인 설계에 대해 동의했다. 나갈길은 직원의 역량을 강화하는 데 ④번 항목이 전제되지 않으면 토대가 없는 집과 같다고 강조했다. 같은 사무실의 선배 직원이 알려 주는 교육훈련이야 말로 일반 강의가 따라할 수 없는 맞춤형 교육이라는 이유에서였다.

그러나 박진정도 모르는 바는 아니었다. 다만 지부의 여건이 쉽지 않다보니 알면서도 못하는 측면이 더 컸다. 마침 몇몇 사무국장들의 전화가 왔다. 그들 역시 새로운 제안 내용에 대해 반색하는 분위기였지만 과연 저런 이상적인 교육을 어떻게 준비할 것인지, 또 ④번 항목이 중요하다고는 하는데 지부의 여건상 그것을 제대로 할 수 있을지에 대한 토론이 이어졌다. 그날 밤 나갈길은 다시 박진정에게 전화를 걸었다.

❶ 미국 A단체의 직원교육 '분야별' 구분

자원개발 및 관계관리

지역사회 연계 전략

마케팅 및 브랜드 관리

재정 및 조직운영

IT 기술 활용

리더십 및 거버넌스 운영

❷ 미국 A단체의 직원교육 '형태별' 구분

Learning Series: 강사가 주도하는 강의식 교육

Facilitator-Led Learning: 강사가 토론을 촉진하는 토론식 교육

Consulting Service: 강의와 컨설팅이 동시에 제공되는 교육

Webinar: 프리젠테이션 공유 기능이 지원되는 온라인 교육

Forum: 특정그룹들의 소규모 토론회

Conference: 큰 규모 컨퍼런스

"진정아, 내가 오늘 몇 사무국장님들과 통화를 했는데 여전히 과제는 있어."

"한 술에 배부르겠니? 그 정도 고민했으면 꽤 잘된 거라고 봐. 그 교육안 나름 신선했어."

"그래 고맙다. 오늘 사무실에서 팀원들과 이런 저런 얘길 해봤는데 내가 조금 더 지역 현장을 공부해야 할 것 같아. 지역의 현실도 모르고서 어떻게 정책을 세우겠니?"

"니가 이제야 철이 드는구나."

나갈길은 지역 지부의 현실을 더 자세히 파악해 보기로 했다. 현장을 더 알아야 실수 없는 정책을 만들 수 있다는 생각 때문이었다. 나갈길은 한 달간 몇 개의 지부를 둘러보는 계획을 세우고 출장을 다니기 시작했다. 지부에서는 이런 상황이 꽤 생소했다. 지금까지 지역을 둘러보는 중앙본부의 모금팀장은 없었던 까닭이었다. 이메일을 통해 날카로운 지적을 하던 지부의 사무국장들은 나갈길을 직접 대면해서는 꽤 부드러워졌다. 덕분에 나갈길은 많은 이야기를 경청할 수 있었다. 전국의 주요 지부를 둘러보는 출장이 끝나갈 무렵 지부들이 가진 문제점에는 어떤 공통적인 것이 있다는 것을 나갈길은 알게 되었다. 그중 가장 큰 문제는 지부의 인력난이었다. 지역의 지부에는 인력난이 고질적이었다. 인원수 자체도 부족하고 숙련된 인력도 부족했다. 한 지부에서 10년 이상 근무한 직원도 있었으나 매너리즘에 빠져 일을 게을리하거나 후배 직원들에게 일을 떠넘기는 데 익숙했다. 한 사람이 여러 가지 일을 하기도 했다. 개인의 전문성이 반영되는 인력배치는 불가능에 가까웠다. 직원 개인의 적성이나 전문성이 반영되어 배치되기보다는 결원을 때우는 방식이 인사운영의 더 일반적인 경우였다.

"나팀장, 누추한 지역에 와보니 어때요? 정말 우리 엄살부리는 게 아닙니다. 정말 일 시킬 직원이 없어요. 사람자체가 너무 부족합니다."
"사무국장님, 알겠습니다. 조만간 대책을 마련해 보겠습니다."

인력난 중에서도 가장 큰 문제는 부족한 인원이었다. 인원의 부족은 신규사업개발에 대한 노력보다도 당장 잘되는 사업을 더 쥐어짜도록 만들었다. 업무량도 많다보니 현상유지나 단순관리로 머물게 된다. 이러한 정체 현상들이 기관의 성장에, 특히 모금액 신장에 결정적인 저해 요인이라고 나갈길은 생각했다. 부족한 인력으로 인해 혁신을 시도하지 못하고 정체되는 현상이 반복되기 때문이었다. 따라서 충분한 인력의 배치는 모금액 신장에 가장 중요한 열쇠라고 판단했다.

〈모아모아〉의 인사는 중앙본부의 총무팀에서 총괄하는 구조였다. 즉 신규인원을 채용하고 그것을 배치하는 것도 중앙본부의 역할이었다. 따라서 신규인원을 지부에 제공하려면 중앙본부에서 채용해야 한다.

그러나 사회복지법인 〈모아모아〉의 뻔한 살림에 사람을 '충분히' 뽑는다는 것은 어려운 일이었다. 나길길은 출장보고서를 쓰면서 그 해결책을 찾기 위해 며칠 밤을 고민했다.

"사람이 충분해야 새로운 사업도 시도해보는데 사람을 뽑자니 돈이 없고, 돈 없다고 안 뽑자니 변화 없이 현상유지만 되고... 정말 미쳐버리 겠구나.. 휴~ 사람을 늘리지 않고서 해결할 수 있는 방법은 없을까.."

나갈길은 며칠간의 고민 끝에 다음을 생각해 냈다.

지부 인력난을 해결하기 위한 기초 구상 (꼼수 포함)

- ※ 인건비 확보를 위해 인건비(관리운영비)를 별도로 기부 받는다.
- ※ 사업비에 인건비를 포함시켜 회계를 꾸미면 인건비가 적어보이 므로 기부금에서 인건비 비율을 더 낮출 수 있다.
- ※ 인건비를 재테크해서 돈을 불린다.

메모를 해놓고 보니 어느 것 하나 이렇다 할 것이 없었다. 나갈길은 본부장에게도 의견을 물었으나 역시 돌아오는 답은 신통치 않았다.

"본부장님, 정말 해결방안이 없는 걸까요? 정말 미치겠습니다. 지부에는 해결해 보겠다고 말했는데 솔직히 잘 모르겠습니다."
"나팀장, 이 문제를 자네만 고민했겠나? 하지만 나오는 얘기는 과거나 지금이나 뻔해. 사람이 부족한 걸 어쩌겠나?"

"하지만 중앙본부가 뒷짐을 지면 지역 모금액은 늘어나지 않을 겁니다."
"나팀장, 생각해 봐. 인원이 많으면 만족할 거 같나? 결코 그렇지 않아. 인원을 보충해주면 그땐 더 필요하다고 말 할 걸세."
"흠....."
"내 말이 틀린가?"
"아니오.. 듣고 보니 그런 측면도 있는 것 같습니다."
"그러니까 인력 확충을 하지 말자는 건 아니지만, 그건 근본적인 해결책은 아니라고 봐.. 다른 측면의 대안을 고민해야 한다고 봐. 대안도 없이 교과서적인 얘기만 해서 미안하구먼. 난 임원 회의가 있어서 이만."

인원 확충 자체가 유일한 해결책이 아니라는 점은 불가피했다. 그렇다면 그것을 뛰어넘는 해결방안은 없는지 나갈길은 고민했다. 기존의 인원으로 모금사업을 효율적으로 할 수 있는 방법, 그것이 그가 고민하는 포인트였다. 그러던 중 어떤 지부의 모금팀 직원이 한 통의 이메일을 보내왔다. 그 내용은 다음과 같았다.

> 나갈길 모금팀장님, 전 모 지부의 5년차 직원입니다. 모금팀에서만 5년 있었으니 그렇게 짧은 경력은 아니라고 생각합니다. 제 경험에 의하면, 지부에는 인력 부족보다 더 큰 문제가 있습니다.
> 지부의 사무국장들은 인력이 부족하다며 늘 중앙본부에 볼멘소리를 하

지만 그건 핑계라고 봅니다. 물론 업무가 고되고 힘들지만 이 정도 인력으로도 하려고만 하면 불가능한 건 아닙니다. 인력을 뽑아주지 않는 중앙본부의 책임이 아니라 지부의 모금팀 직원들을 수시로 교체하는 지부 사무국장들에게 더 큰 책임이 있습니다. 모금 실적이 나쁜 직원들을 자꾸 교체하는 잦은 인사발령이 지부에서는 꽤나 흔한 일입니다..(하략)

나팀장은 바로 수화기를 들었다. 그리고 그 직원에게 전화를 걸었다.

"안녕하세요? 저 중앙본부의 나팀장입니다."
"헛.. 네.. 안녕하세요. 팀장님. 직접 전화를 주실 줄은 몰랐습니다."
"이메일 잘 봤습니다. 익명은 지켜 드릴테니 편한 곳으로 가서 전화 받아주시면 안될까요? 더 깊은 얘기를 좀 묻고 싶습니다."

나갈길이 그를 통해 들은 내용은 지부의 사무국장들로부터 듣던 것과는 또 다른 이야기였다. 그 직원의 보충 설명은 다음과 같았다.

- 지부의 사무국장들은 모금팀 직원의 교체를 너무 수시로 하는 경향이 있음. 이때 그 기준은 모금실적을 비교 평가하는 것임.
- 인사발령이 잦다보니 모금팀 직원이 수시로 바뀌면서 업무의 연속성이 저하됨.

- 모금팀으로 신규 배치된 직원들은 좋은 평가를 받기 위해 장기적인 모금계획보다는 단기간의 실적에 집중하게 되고 조직은 불안한 수입구조를 형성함.
- 사무국장들은 이러한 운영방식을 권력처럼 휘두르고 있음.
- 따라서 인력의 부족함보다 더 심각한 지부의 문제는 인력의 안정화임.

그 동안 지부의 사무국장들을 꽤 의지하고 존중해 왔던 나갈길에겐 충격이었다. 그들의 어두운 면을 처음 보게 된 것이다. 나갈길은 고심했다. 그리고 생각을 정리했다. 인력 부족보다 더 중요한 것은 바로 '모금담당직원의 업무지속성 여부'였다. 모금은 사람을 대하는 일이므로 네트워킹과 관계관리가 중요하다. 사람이 자주 바뀌면 이것이 흐트러지게 된다. 관계형성에 투자한 시간이 많을수록 고급 인맥을 만들 수 있게 된다. 사람이 자주 바뀌면 고급 인맥은 만들 수 없다. 아무리 기관의 뜻이 좋고 제안내용이 훌륭하다 해도 상대방(기업이나 지자체)이 하급자일 경우엔 성사되지 않을 가능성이 큰 까닭이다. 모금부서의 경우 고급 인맥을 자기 인맥으로 만들 수 있는 충분한 기간이 보장되어야 한다. 이것이 모금부서의 자산과 역량이 된다. 이것이 나갈길이 내린 결론이었다. 그는 지부의 사무국장들에게 바로 업무연락을 보냈다. 그 골자는 다음과 같았다.

이 이메일이 각 지부로 발송되자 지역에서는 한바탕 성토대회가 열렸다.

> TO: 각 지부 사무국장 (From 나팀장)
>
> ※● <모아모아>의 중앙본부에서는 수 개월 내로 신규인력을 보충해 지부에 제공할 예정임.
> ※● 단, 지부의 모금팀 직원들이 자주 교체되지 않도록 이들의 업무 지속성을 보장해 주기 바람. 가령, 모금팀 인력은 최소 2년에서 3년의 근속을 보장해 주기 바람.
> ※● 이러한 환경을 사무국장 차원에서 조성할 때 현재보다 모금액이 신장되고 장기적으로도 더 큰 모금사업을 기획할 수 있을 것임.

어린놈이 중앙본부 모금팀장이 되더니만 말도 안 되는 업무연락을 보냈다고 다들 흥분했다. 사무국장들은 충청권에서 긴급 회동을 갖고 다음의 건의서를 중앙본부의 박본부장 앞으로 발송했다.

박본부장이 이메일을 받고 나갈길에게 달려왔다.

> TO: 박본부장님 (From 지역 지부 사무국장 일동)
>
> ※● 지부 내에 발생하는 조직개편과 인사문제는 지부 사무국장의 고유 권한임.
> ※● 인사는 형평성이 기본원칙이며 모금팀은 그 실적에 따라 객관적으로 평가한 후 인사에 반영하는 것이므로 문제될 것이 없음.
> ※● 또한 매너리즘에 빠진 직원에 경각심을 부여하기 위해서 인원 교체를 하는 것은 조직 활성화에 효과적임. 특히나 모금팀에서 장기간 근무할 경우 유착관계 등의 부작용이 발생할 우려가 있으므로 이러한 측면을 고려하고 있다는 것을 중앙본부는 알기 바람.

"야 나팀장! 이거 뭐야?"

나갈길은 난처해졌다.

"너 도대체 무슨 짓을 한 거야? 지부를 돕겠다더니 지부와 원수가 되려는 거야?"
"본부장님, 아.. 죄송합니다. 지부 사무국장들이 뭔가 오해를 한 것 같습니다. 제가 수습하겠습니다!"
"아니 도대체 일을 어떻게 했길래 이렇게 떼로 몰려서 항의를 하냐구! 우리가 밀어붙이는 건 좋지만 이런 잡음이 나선 안 돼!!"
"죄송합니다. 본부장님. 하지만 제가 심한 말을 한건 아닌 것 같습니다..."
"그게 아니라, 나팀장, 지부 사무국장들은 이걸 모금팀의 활성화 이슈로 받아들인 게 아니라 자신들의 인사권한에 대한 침해로 받아들인 거야. 그러니까 이렇게 발끈하는 게야!"
"그런데 모금의 활성화를 막는 구조가 있다면 그것을 개혁해야 되는 것 아닌가요? 잘못된 것을 언제까지 그대로 방치할 수는 없잖습니까?"
"나팀장! 자네 말대로 모금에는 사람이 중요하다며? 근데 사람마음 상하게 하고서 모금이 잘되겠어? 변화를 줄 때도 설득해가면서 해야지 중앙본부 모금팀장이 권력처럼 그들에게 보여져서 되겠냐구?"
"...."

"기부자라는 생판 남을 설득하는 게 우리 직업인데, 같은 사무실에 있는 구성원들도 설득 못하면서 어떻게 남을 설득하겠나? 각 지부는 물론이고 중앙본부의 각 부서들의 지지와 협조 없이 우리 모금팀은 존재할 수 없어! 아직 초임이라 서툴러서 그렇다고 여길테니 이번 일은 잘 수습해봐. 하지만 다음번의 실수는 나도 그냥 못 넘어가니 그렇게 알어!"

"네...."

나갈길은 그 날 조퇴를 했다. 그러지 않았다면 그의 머리는 너무 뜨거워 녹아내렸을지 모른다. 그에겐 상황을 차근차근 돌아보는 시간이 필요했다. 이런저런 생각이 머리를 맴돌았다. 지부 내에서 벌어지고 있는 문제점들을 그냥 덮고 넘어갈까 생각도 했다.

그러나 그는 이 문제를 정말 해결하고 싶었다. 다만 자신의 한계가 느껴졌다. 휴가를 마무리하고 출근하는 다음날 아침에 그는 한 가지 생각을 떠올렸다. 바로 외부 컨설팅을 의뢰하는 일이었다.

지금까지의 모든 상황을 정리해 컨설팅 의뢰 기안을 작성했다. 현재의 난국을 뚫고 나갈 방법은 이 방법뿐이라 확신했기에 일은 발 빠르게 추진되었다. 나갈길의 보고를 받은 본부장도 흔쾌히 결재를 해주었다. 〈모아모아〉의 자문 컨설팅 업체인 〈한모금떠주랴〉의 오대표를 만났다. 그리고 지금까지 있었던 경과에 대해 설명해 주었다.

컨설팅 의뢰의 요지는, '지역의 지부에서 모금을 활성화할 수 있는 방안과 해결해야하는 과제는 무엇인가'에 대한 것이었다. 컨설팅은 곧 착수되었고 장장 5개월의 시간이 소요되었다. 이 일을 의뢰받은 〈한모금떠주랴〉는 전국의 모든 지부의 직원들을 대상으로 설문조사와 인터뷰를 진행했다. 5개월 뒤 제출된 〈한모금떠주랴〉는 컨설팅 최종 결과보고서를 보내왔다(p. 107 참조).

이 보고서로 인해 지부와 중앙본부가 갈등을 빚고 있었던 지부 사무국장의 인사권 이슈는 조직의 의사결정 문화나 팀문화 이슈로 확산되었다. 갈등을 빚고 있었던 이슈가 컨설팅을 통해 정확히 진단되었다.

나갈길은 이참에 고질적인 지부의 조직문화를 개선하려고 했다. 지부의 사무국장들로부터 항의의 메일이나 전화가 오지는 않았다. 그렇다고 지부 사무국장들의 불만이 사라진 것은 아니었다.

컨설팅 권고문에 자신들을 콕 짚어서 표현을 안 한 것일 뿐 오히려 문제가 더 확장된 것이라 인지하고 있었다. 조직 내의 의사결정 문화나 팀의 협업/토론 문화 등 이 모든 것이 결국 사무국장들의 운영방식과 연관된 것들이기 때문이었다.

나갈길은 이 컨설팅 결과보고서를 한 달 후에 있을 '전체 직원 워크숍'에서 발표하려고 결심했다. 조직의 곪은 부분을 다 까발려서 속 시원히 토론해 보고 다같이 해결해 보자는 취지였다. 그러나 이 보고를 받은 박본부장은 다음과 같이 충고했다.

<모아모아> 컨설팅 결과보고서

-보고서 말미의 권고안 발췌-

컨설팅 기업 <한모금떠주랴> 작성

❶ 상명하달 탈피한 의사결정 문화 조성

지부 모금팀의 전체적 방향을 결정하는 데 직원들의 참여가 제한되어 있는 것으로 보임. 직원들이 조직의 정책이나 방향 결정에 동참하는 것이 매우 낯선 문화로 받아들여짐. 이는 지역사회 고유의 문화에서 기인한 것으로 보이나 이러한 것이 지속될수록 직원들의 소속감과 충성도는 저하됨.

❷ 팀내 협업문화 및 토론문화 조성

모금팀 내의 업무분장이 필요한 것이지만 반면 각 담당자들 간의 협업문화는 매우 결여된 상태임. 개별적인 업무분장을 통해 책임감은 배가되나 개별화가 너무 강조되면 직원의 고립감이 심해지게 됨. 따라서 개인별로 담당업무는 지정하되 팀플레이가 가능하도록 업무분장을 설계해야 하고 개인의 업무과제에 대해 팀원끼리 수시로 모여 토론을 하는 환경이 제공되어야 함.

"나팀장, 일단 지부의 저항이 보이지 않으니 다행이야. 하지만 그들이 자네의 생각에 동의해서 가만있는 건 아니라는 걸 알아야 해. 그리고 앞으로는 인사권 같은 것을 건드릴 때는 조심하게. 특히나 그건 총무팀과 연계해서 풀 일이지 우리 모금부서가 나설 일은 아니지 않나."

"네, 본부장님. 저도 좋은 경험했습니다. 그런데 이번 컨설팅 결과는 꼭 발표가 됐으면 좋겠습니다."

"안 그래도 그 얘길 하려고 자넬 불렀어."

"네, 말씀하십시오."

"나팀장, 자네도 알겠지만 지부의 모금모델은 단순해. 중앙본부처럼 복잡한 모델이 아니라네. 그렇게 단순한 사업모델에서는 상명하달이 가장 효과적이야. 확실하게 업무를 지시하는 게 필요해. 팀원끼리 토론해서 언제 결정을 하고 일을 하란 말인가? 그게 오히려 직원들을 더 지치게 할 수도 있다는 건 생각 안 해봤나?"

"본부장님, 업무 지시라는 것이 체계화된 조직에서 어쩌면 당연하다는 걸 모르는 바가 아닙니다. 그런데 조직의 전반적인 방향을 직원들이 공유조차 못하고 있다면, 그래서 그저 자기 일에 파편화된 채 매몰되고 있다면, 직원들을 동기부여할 수 없습니다."

"아니지. 업무가 나뉘어 있으면 책임감이 더 높아지지. 그 책임감이 곧 동기부여 아니겠나. 내가 옛날 사람이라 그런가? 그 이상의 동기부여는 무얼 말하는지 잘 모르겠는데.. 그리고 일주일에 한 번씩 주간회의도 하잖나? 거기서 서로 협업하고 소통하면 될 일 아닌가?"

"책임감은 수동적인 것입니다. 그 자체가 동기부여가 될 순 없다고 봅니다. 불가피한 책임감은 억지로 쥐어 짜내는 것과 같겠죠. 전략기획처럼 커다란 과정을 통해 동기부여할 수도 있겠지만 지부처럼 작은 조직에서 현실적으로 그게 힘들다면, 팀의 운영을 통해서 동기부여 할 수 있는 방법도 많다고 생각합니다. 그리고 주간회의에 대해 말씀하셨는데요, 그 주간회의라는 것이 모든 팀원이 한자리에 모여 팀장한테 보고하는 수준일 뿐, 거기엔 토론도 없고 협업도 없습니다."

"어떻게 단정할 수 있나? 같은 제도라도 팀장이 잘 운영하면 될 일 아닌가?"

"팀장들이 운영을 잘 못하니까 제도적으로라도 고쳐보려는 겁니다."

"모든 문제를 제도가 풀 순 없어. 제도를 개선해도 또 다른 문제가 생길 게 분명해."

"완벽하게 고치겠다는 것이 아닙니다. 적어도 지금의 문제를 개선시켜 보려는 것입니다."

결국 나갈길은 박본부장을 설득해 '전체 직원 워크숍'에서 권고안을 발표하기로 했다.

한 달 뒤, '전체 직원 워크숍'에서 컨설팅 결과가 발표되었다. 나갈길은 조직 내의 큰 임팩트를 기대하며 발표를 했으나 별 다른 반응을 얻지는 못했다. 왜 반응이 없는지 나갈길은 의아했다. 낙담한 그는 남은 워크숍 순서를 다 마친 후 뒤풀이에도 참석하지 않고 숙소로 돌아왔다. 그리고 왜 반응이 없었을까 고민했다. 몇 시간 후 몇 지부의 모금팀 직원 5~6명이 나갈길의 방을 찾아왔다. 그들은 3~5년 사이의 경력직 직원들이었다. 술이 몇 잔 들어간 상태였다. 그들은 조심스럽게 나갈길에게 말을 건넸다. 오늘 발표에서 큰 호응을 할 수 없었던 이유는 지부의 사무국장들이 함께 배석하니 눈치를 봤던 이유도 있었지만 컨설팅 보고서가 자신들의 기대에 좀 못 미쳤기 때문이라고 말했다. 하도 답답해서 직접 나팀장을 찾아가자고 의기투합한 몇 명이 온 것이었다. 나갈길은 그들의 이야기를 경청하기 시작했다. 그들의 요지는 이랬다. 상명하달이나 파편화된 팀문화의 근본적 원인이 꼭 사무국장들만의 책임은 아니라는 것이었다. 사무국장들에 대한 집중 성토를 예상했던 나갈길에게는 예상 밖의 대화였다.

"나팀장님, 저희도 사무국장들의 독선적인 운영방식이 좋을 리 없습니다. 그런데 저희들이 생각하는 근본적인 문제는 다른 곳에 있더란 말입니다."
"그게 뭔데요?"
"바로 실적 우선주의입니다."
"예? 실적 우선주의요?"
"모금기관에서 모금액을 얼마나 모았는지 그 실적을 평가하는 것은 중요하다고 봅니다. 그런데 지금 〈모아모아〉의 전체적 분위기는 너무

실적 위주로 흐르고 있습니다. 중앙본부에서는 지부의 실적을 체크만 하면 되지만, 지부 현장에서는 그것 때문에 전혀 다른 분위기가 연출됩니다."

"어떻게요?"

그들의 요지는 다음과 같았다.

실적을 강조하는 기관일수록 상부의 역할이 더 중요하게 됨. 기부금을 확보할 때 가장 결정적인 역할을 하는 것이 윗선이 되기 때문임. 즉, 기부제안서를 창의적으로 기획하는 직원들의 노력보다 인맥이 많은 상사가 한방에 얻어오는 금액이 더 쉬운 방법이 되므로 직원들의 자발성은 저하되고 그저 위의 지시만 기다리게 됨. 실적만 너무 강조하다 보면 업무의 효율성만을 따지게 되므로, 직원들은 투입 대비 결과가 작은 일에는 도전하지 않거나 기피하게 됨. 즉 쉽게 모금하는 방법에 매몰되며 전반적인 인프라 구축이나 장기적인 관점에서의 투자(돈 뿐 아니라 노력, 시간, 관계 등에 대한)는 경시됨. 이러한 요인들이 지부의 토론/협업 문화를 저해하는 원인이 되고 상명하달 문화를 더욱 부채질 하는 원인으로 작용함. 이는 지부 차원에서 해결할 수 있는 것이 아니므로 중앙본부에서 실적위주의 정책을 벗어난 새로운 정책기조를 형성해 주기 바람.

> 참조

정량주의 vs 정성주의

구 분	기관의 목표
정량(실적)주의	시장점유율, 수익률, 매출액, 재구매율 ☞ 모금액 규모 및 기부자 수, 배분(지원)액 규모 및 횟수/대상자
정성주의	고객만족도, 브랜드 가치, 고객경험 ☞ 기부자 만족도, 삶의 질 개선, 지역사회 변화, 나눔문화 확산

나갈길로서는 예상했던 것과 다른 이야기를 들었지만 단 한 마디도 반대할 것이 없었다. 평소의 자기의 소신과도 일치하기 때문이었다. 모금기관으로서 실적은 중요하다. 그러나 실적만 강조하게 되면 부작용이 생긴다.

실적을 올리려는 건 그 돈을 누군가를 위해 잘 쓰기 위해서다. 따라서 돈을 어디에 어떻게 잘 쓰는가는 단체의 정체성과 직결되는 부분이다. 그런데 이 부분이 경시되고 돈을 모으는 데만 조직이 집중하게 되면, 조직의 정체성은 희미해진다. 어느 순간, 왜 돈을 모으는지, 어디에 사용할 것인지에 대한 방향을 상실하게 된다. 이렇듯, 정체성이 확실하지 않은 조직에 동참할 기부자는 없다.

그러나 조직의 정책기조를 갑자기 바꿀 수는 없는 일이었다. 나갈길의 권한 밖의 일이었다. 〈한모금떠주랴〉의 컨설팅 보고서에 이런 것까지 미리 담겨있었다면 그나마 본부장을 설득하기 쉬웠을 텐데 이렇게 중요한 부분을 〈한모금떠주랴〉에서 왜 놓쳤는지 원망스러웠다. 5개월 동안 거의 모든 지부의 직원들을 대상으로 설문도 하고 인터뷰를 진행했음에도 이런 이야기가 왜 결과보고서에 반영되지 않았는지 생각할수록 의아했다. 나팀장은 〈한모금떠주랴〉의 오대표에게 전화를 걸었다. 그리고 그날 저녁 오대표가 사무실로 들어왔다.

"오대표님, 제가 지부의 모금팀 직원들 몇 명과 만난 적이 있습니다. 잠깐만 들어도 생생한 증언들이 막 쏟아져 나오더군요. 그렇게 수많은 인터뷰를 하셨는데도 왜 제가 들은 이야기는 컨설팅 결과보고서에 없었던 겁니까? 권고문에는 정작 핵심이 빠진 느낌입니다."
"나팀장님, 죄송하게 됐습니다만 저희도 입장이란 게 있습니다. 외부의 컨설팅 업체는 거버넌스의 개혁을 논하기 힘듭니다. 예를 들어, 지부의 사무국장들도 지부의 혁신을 원하지만 본인들이 포함되는 개혁은 원치 않습니다."
"그래서요?"
"컨설팅이란 것이 원래 이런 한계가 있다는 말입니다. 어떤 컨설팅 업체가 일거리를 주는 기관의 상부를 개혁해야 한다고 말을 하겠습니까? 그분들 결재 하나에 저희가 일을 따오고 못 따오고가 결정되는데요.."
"잘 못했다간 일이 끊기니까 그렇다는 거죠?"
"네.. 이 부분은 저희 업의 특성을 이해해 주셨으면 합니다…"

솔직한 오대표의 고백에 나갈길은 고마운 생각보다는 울화통이 터졌다. 뻔뻔한 사람이라는 생각이 들었다. 하지만 이제와 엎질러진 물을 주워 담을 수는 없었다. 이 모든 게 자신의 경험부족이라고 생각했다.

외부의 힘을 빌어 〈모아모아〉를 개혁하려고 했지만 컨설팅의 한계만 확인한 셈이 됐다. 나갈길은 나아갈 길을 모르는 배처럼 표류했다. 빠져나갈 길이 없었다. '컨설팅 업체를 동원해도 해결되지 않는다면 어디서 해결책을 찾아야 한다는 말인가', '단체 내부의 문제는 스스로 해결해야한다는 당연한 결론으로 다시 돌아와야 한다는 말인가' 그의 생각은 깊어졌다.

결국 나갈길은 지부 사무국장들에게 장문의 해명 이메일과 함께 앞으로 지부의 의견을 중시 여기고 지부의 입장에서 동일한 목표를 바라볼 수 있는 정책을 생산하겠다는 내용을 전달했다. 완전한 화해는 아니었지만 이로써 어느 정도의 평화협정은 체결되었고 지부와 중앙본부 간의 갈등은 일단락되었다.

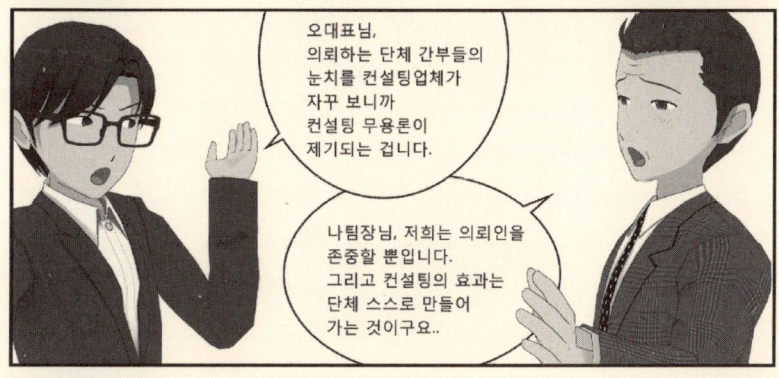

모금의 바다로

지난 수개월 간 한바탕 내홍을 겪은 나갈길은 그 사이 더 단단해졌다. 나갈길은 지부 사무국장들과 갈등을 푸는 사이 중앙본부 모금팀을 정비했다. 나갈길은 이제야 진정한 중앙본부 모금팀장으로 거듭난 느낌이었다. 이제 해야 할 일은 전국적인 모금사업이다.

나갈길은 조직의 수입구조가 건실해 지려면 개인모금이 신장되어야 한다고 판단했다. 모든 모금기관의 성장은 풀뿌리 소액 후원자로부터 시작해 고액모금으로 옮겨가는 일종의 순서가 있다는 것을 그는 확신했다. 나갈길은 현재 〈모아모아〉의 상황이 풀뿌리 소액 모금에 집중할 때라고 판단했다. 고액의 기부자를 발굴하기 위해서는 소액의 후원자들이 충분할 정도로 많

> **참조**
>
> **기부(모금캠페인)의 종류**
>
> 개인기부(Individual Giving)
> 고액기부(Major Gifts, Mega Gift)
> 기업기부/법인기부(Corporate Giving)
> 계획기부(Planned Giving)
> 재단기금(Foundation Grants)
> 선도기금(Lead Gift, Leadership Giving)
> 우편모금(Direct Mail)
> 전화모금(Telemarketing, Phoneathon)
> 거액모금캠페인(Capital Campaign)
> 자선행사(Special Events)
>
> 물품판매(Merchandising)
> 온라인 기부(Online Donation)
> 대면모금(Face to Face Fundraising)
> 일대일요청(One-on-One Solicitation)
> 호별방문(Door to Door Fundraising)
> 거리모금(혹은 호별방문)(Canvassing)
> 재기부(Recurring Giving)
> 매칭기부(Matching Gift)
> 재능기부(Skill Volunteer)
> 이메일모금(Email Solicitation)

아야하는 전제조건이 아직 충족되지 못했다고 여겼기 때문이었다.

그러나 〈모아모아〉의 직원들은 큰돈이 되지 않는 개인모금을 기피했다. 월 만원짜리 기부자 백 명을 모아도 중소기업 기부금 하나 잡는 것만 못하다는 이유에서였다. 조직운영의 안정화 측면에서 볼 때 개인기부자 확보의 유의미성을 반대하는 직원들은 없었지만 수년간 개인모금의 성장률이 정체되어 있다는 것은 큰 문제였다. 만원 남짓의 정기후원자의 5년 전 수가 5년이 지난 지금과 비슷했다.

5년 전이라면 나갈길이 〈모아모아〉에 입사한 시점이었다.

나갈길은 모금팀으로 배치된 이후 정기 기부자의 발굴을 위해 하루도 쉬어 본 적이 없었다. 매달 약 10명의 소액 정기 기부자를 꾸준히 확보해왔다. 그렇다면 5년이 지난 지금 정기 기부자의 수는 산술적으로 몇 배가 되어야 했다. 그런데 기부자 수는 언제나 제 자리 걸음이었다. 모금팀의 자체 조사에 의하면 문제는 바로 후원을 이탈하는 사람들에 있었다. 매달 10여명의 신규 기부자를 개발하지만 매달 그만큼의 기부자가 꾸준히 빠져나가는 상황이 〈모아모아〉의 모습이었다.

나갈길은 〈모아모아〉의 모든 구성원에게 새로운 도전을 보여주고 싶었다. 소액의 정기 후원자를 대거 확보해서 조직의 근간을 튼튼히 만드는 것을 증명하고 싶었다. 그리고 소액 후원자 확보를 위한 내부 캠페인을 통해 〈모아모아〉의 모든 관심과 인력을 이 일에 쏠리도록 만들고 싶었다. 이를 통해 모든 사람이 소액 모금에 대한 관점에 좋은 변화가 일어나기를 원했다.

나갈길은 모금팀의 관리파트에 DM(우편)발송을 지시했다. 한 달 후 개인 후원자를 발굴하기 위해 DM 2만장이 준비되었다. 나갈길이 대량 DM을 지시했던 이유는, 우선 〈모아모아〉의 브랜드 파워를 믿었기 때문이었다. 무연고의 사람들에게 대량 DM을 살포해도 어느 정도의 반응은 있을 것으로 기대했다. 또한 DM을 위해 큰 비용과 노동력을 동원하기에 〈모아모아〉는 부담되지 않는 조직이었다. 대량의 물량공세가 가능한 조직이었다. 2만명의 1%인 200명만 회신이 와도 성공이라고 그는 내다봤다. 몇 주 후, 2만장의 발송된 DM에 대한 회신은 달랑 3명뿐이었다.

"진정아, 나 어쩌지? 아무래도 사표 써야 할 거 같다.. (에휴~)"
"시장분석이니 뭐니.. 도대체 그동안 배운 마케팅은 다 어디 간 거니?"

"물량 공세로 하면 조금 다를 줄 알았지. 그나저나 뭐라고 좀 위로라도 해봐. 그렇게 맹하게 있지 말고."

"으이구 나갈길~! 정말 똥매너.. 동기로 만난 게 죄라 내가 참는다... 너 소액 정기 후원자인 경우 신규 가입자를 유치한 다음 그 신규 가입자를 유치하기 위해서 지출한 비용이 상쇄되는 시점이 몇 개월 후인지 알아?"

"그걸 알면 내가 삽질 했겠어? 얼른 200명 채우고 고액기부자 캠페인으로 넘어가려고 했지."

"나갈길, 진지하게 들어봐. 우리가 예전에 계산해 본 적이 있었는데 인건비니 사업비니 다 합쳐서 계산을 때려봤더니 자그마치 1년 후라는 놀라운 수치가 나왔어."

"엥? 뭔 소리야? 1만원짜리 후원회원을 가입시키는데 10배의 돈이 든다는 거야? 그 거짓말 진짜야?"

"물론 단체마다 상황이 다르니까 절대적인 수치는 아닐 수 있어. 하지만 기존 회원을 유지시키는 게 신규 회원을 발굴하는 것보다 훨씬 비용이 적게 든다는 것이 입증된 셈이지."

"그럼 아무것도 하지 말고 기존 회원만 유지시키란 거야 뭐야?"

"노노.. 신규 회원을 발굴해도 맨 땅에 헤딩하듯이 하면 안 된다는 것이 중요한 시사점이야."

"맨땅에 헤딩하지 말라? 그럼 어떻게 해야 했을까?"

"음.. 내 생각으론 말야. 첫째는, 시간이 걸리더라도 기부자 프로파일링을 하는 거야. 기존의 기부자부터 DB를 만들어서 그분들의 기부 동기나 관심사, 최근 기부빈도 등을 축적해 놓는 거지. 그리고 차츰 잠정적인 기부자로 확대해 가는 거지."

"두 번째 방법은?"

"두 번째로는, 신규 회원이나 신규 기부자를 발굴하려면 기존의 기부자를 통한 접근이 더 효과적이라는 점이야. 기존 기부자를 잘 관리하면 그분이 소개를 해주든, 아니면 우리가 부탁을 드려서 소개를 받든, 여러 가지를 해 볼 수 있거든. 이런 방법은 맨 땅의 헤딩보단 상당히 성공확률이 높아지겠지. 그래서 기존 기부자 관리가 중요한 거야."

"오올~~ 박진정~~~ 근데 그렇게 잘 알고 있는 넌 왜 홍보팀에 가 있는 거야?"

"이 웬수야.. 니가 〈모아모아〉 입사할 때 모금팀으로 발령받아서 난 그대로 홍보팀에 남게 된 거야. 나도 여기 입사할 때는 모금팀에서 일하고 싶었는데 니 덕분에 홍보팀에 눌러 앉았게 됐넹. 흥~"

"근데 니가 말한 거.. 죄다 마케팅 이야기 아냐? 마케팅 싫다고 난리 플라맹고를 4배속으로 추더니.."

"내가 말한 게 마케팅이라고? 내가 말한 게 마케팅이건 아니건 관계없어. 난 단지 마케팅에 앞서 더 중요한 가치가 있다는 거, 그거 하나를 말하고 싶었을 뿐야."

나갈길의 〈모아모아〉 입사 초기, 이벤트 제안서를 기업에 돌렸을 때의 차가운 반응을 떠올리며, 일상적인 관계성의 원리가 개인에게도 적용된다는 점을 이번 계기로 확실히 체감하게 되었다. 비슷한 실수를 또 저지른 나갈길은 DB 구축에 대한 관심이 부쩍 늘어났다. 이번에야 말로 실수를 기회로 삼아 〈모아모아〉내에 존재하는 기부자들을 DB화시킬 때라고 생각했다. 이러한 사실을 파악한 나갈길은 박본부장을 설득해 〈한모금떠주랴〉에 컨설팅을 의뢰했고 한 달 후 〈모아모아〉의 전체 정기 기부자를 대상으로 한 설문조사가 시작되었다. 기존 기부자들을 진단하기 위한 시도였다.

약 한 달 후 설문 결과가 정리되었다. 그 첫 번째 문항은 '왜 후원을 중단했는가'였다. 이 질문에 대한 답변은 다소 의외였다. 많은 사람들이 경제적 이유를 첫 번째로 꼽았다. 수입이 줄어드니 기부금부터 중단하는 현상이었다. 〈모아모아〉의 입장에서 보면 불가항력의 요인이었다. 그런데 두 번째 이유부터는 눈여겨 볼만한 답변들이었다. '다른 기관의 가치나 미션이 더 의미 있게 생각되어서'라는 답변과 '〈모아모아〉가 자신의 후원을 인지하지 않고 있다'는 답, 그리고 '〈모아모아〉에서는 자신의 기부금 사용내역을 알려주지 않았다'라는 답도 있었다. 나갈길의 예상과는 달리, 많은 기부자들이 자신들의 이탈의 원인을 조직의 방향이나 자신의 존재감과 관련지어 생각하고 있었다.

나갈길은 생각이 복잡해졌다. 〈에코개코〉에서의 실패가 떠올랐다. 나갈길은 당시 회원(기부자) 유치를 위해 회원 혜택을 늘리자고 주장했었고 다른 선배들은 그것은 본질적인 모금의 동인이 아니므로 회의적인 입장이었다. 〈한모금떠주랴〉에서 조사한 기부자들의 욕구는 비본질적인 것에 기인한 것이 아니라 대부분 본질적인 요인을 가리키고 있었기에 나갈길은 당황스러웠다. 기부에 대한 부수적인 혜택보다는 오히려 '조직 방향 자체에 대한 관심'이나 '기부금에 대한 결과'를 기부자들은 매우 중요하게 생각한다는 점이었다.

이번 컨설팅 결과는 나갈길에게 많은 것을 시사했다. 〈한모금떠주랴〉는

> 참조

후원 해지 이유

이유	미국(%)	영국(%)
더 이상 여력이 안 된다	54.0	22.3
타 기관의 가치, 방향, 미션 등이 더 의미 있다	36.2	26.5
사망 / 이사	16.0	12.7
지금 기관은 나의 후원을 인지하지 않는다	13.2	0.9
후원하고 있다는 사실을 잊었다	11.1	11.4
지금 기관은 내 기부금 사용내역을 알려주지 않는다	8.1	1.7
지금 기관은 더 이상 나의 후원이 필요하지 않다	5.6	1.2

기부자로열티 기부자 마음을 사로잡는 법(2011) 애드리언 사전트, 일레인 제이, 김세진 옮김. 나남. 재편집

이 결과를 다음과 같이 보고서로 제출했다.

〈한모금떠주랴〉의 컨설팅 권고문에 의하면, 소액 정기 후원자의 경우,

참조

(현재) 기부자가 만족할 때	
이 유	영국(%)
지금 기관은 나의 기부금을 적절하게 사용한다	4.07
지금 기관의 소통은 언제나 정중하다	3.88
지금 기관에 기부하면 안전하다고 생각한다	3.84
지금 기관의 직원은 내 질문에 답할 정도의 지식을 갖추었다	3.50
지금 기관은 내가 궁금해 하는 것에 대해 기꺼이 돕고자 한다	3.40
지금 기관은 나의 기부금 사용내역을 지속적으로 알려준다	3.39
지금 기관 직원들은 언제나 나와 이야기할 시간이 있다	3.36
지금 기관은 요구하는 정보를 언제나 즉시 알려준다	3.31
지금 기관에는 내게 개인적으로 관심을 보여주는 직원이 있다	3.30
지금 기관은 나에게 개인적으로 관심을 보여준다	3.24
지금 기관은 나의 문제를 해결하고자 관심을 보인다	3.20

기부자로열티 기부자 마음을 사로잡는 법(2011) 애드리언 사전트, 일레인 제이, 김세진 옮김. 나남. 재편집

> ## 성공적 기부자 관리를 위한 기부자 유형의 이해
> ### -2종류의 기부자(소액 정기 후원자 기준)-
>
> ❶ 비본질적 보상으로 후원(지속)을 결정하는 기부자
> - 유명인사(단체 대표 포함)와의 만남
> - 큰 행사, 모임 등에서의 주요한 역할이나 타이틀
> - 해당 단체의 임직원과의 개인적인 인맥
>
> ❷ 본질적 보상으로 후원(지속)을 결정하는 기부자
> - 단체의 미션, 가치 등의 방향에 동의
> - 단체의 기부금 사용 결과와 그 성과
>
> 기부자로열티 기부자 마음을 사로잡는 법(2011), 애드리언 사전트, 일레인 제이, 김세진 옮김. 나남. 재편집

비본질적 보상으로 기부를 결정하는 사람은 즉흥적이라 가입이 쉽지만 그만큼 이탈(해지)도 쉽다는 설명이다. 다른 단체에서 더 좋은 혜택이 나타나면 갈아탈 확률이 매우 높다는 것이다.

그러나 본질적 보상으로 기부를 결정하는 사람은 처음 가입에 시간과 노력이 많이 들지만 한번 가입하면 지속성은 매우 긴 편이라는 것이다. 따라

서 〈모아모아〉는 후원자의 혜택을 지속개발하는 것도 중요하지만 본질적인 만족감을 기부자들에게 돌려줄 수 있는 방안이 보완되어야 한다는 것이 〈한모금떠주랴〉의 최종 제언이었다.

〈한모금떠주랴〉의 결과를 보고받은 나갈길은 신규 소액 정기 기부자가 낳는 수익으로 그들을 모집하기 위해 투자한 비용이 충당되는 시간이 얼마나 되는지 계산해보고 싶어졌다. 과거 박진정이 주장했던 '10배'라는 어마어마한 투입비용의 비율을 이참에 자세히 계산해보고 싶었다. 이러한 계산 결과를 통해 기부자를 신규 개발하는 것이 효율적인지, 아니면 기존 기부자를 관리하는 것이 더 효율적인지도 따져보고 싶었다.

이 작업은 상당히 복잡한 계산과 협업이 요구되었다. 나갈길은 우선 회계팀에 업무협조 요청을 하고 회계팀과 모금팀의 협업으로 계산식을 만들어갔다. 우선 조직의 관리운영비와 사업비를 하나의 몫으로 놓고 이를 소액 정기 기부자의 수로 나누어 한 사람의 소액 정기 기부자 당 얼마의 돈이 드는지를 파악했다. 그리곤 그 정기 기부자들이 매월 기부하는 값을 비교해 상쇄되는 시점을 뽑아냈다.

결과는 놀라웠다. 〈모아모아〉의 경우 신규 정기 기부자가 낳는 수익으로 〈모아모아〉에서 그들을 확보하기 위해 투자한 비용이 충당되는 시간은 무려 13개월이었다. 즉, 한명의 정기 후원자를 통해 〈모아모아〉가 수익을 올리는 분기점은 정기 후원가입 후 13개월 이후부터라는 뜻이었다. 나팀장은 이 결과를 즉시 팀회의에서 공유한 후 전국의 지부로 공문을 보내어 공유

했다. 비영리조직이 수익과 효율만을 좇는 것은 바람직한 것은 아니나, 치밀한 계획도 없이 소액기부자를 위해 무분별하게 사업을 벌이는 것은 신중한 검토가 요망된다는 내용이었다.

"진정아, 넌 알고 있었지? 예전에 나랑 이거 얘기한 적 있었지? 니가 그랬잖아. 10배 정도 된다고.. 정말 충격적이다."
"이제 내 말을 믿는구나. 그런데 나도 우리 조직을 정확히 계산해보지 못했었는데 결과를 보고 많이 놀란 건 사실이야. 사업계획을 수립할 때 아주 좋은 참조자료가 될 것 같아. 수고했어.^^"

나갈길은, 기존 기부자를 관리하는 것이 신규개발 못지않게 중요하다는 것을 알게 되었다. 아니 어쩌면 신규개발보다 기존 기부자 관리가 더 중요하다고 느껴졌다. 다만 신규개발을 멈출 수는 없는 일이었다. 과연 신규개발과 기존 기부자 관리의 이상적인 비율은 어떻게 되는지의 과제가 그 앞에 놓이게 되었다. 아울러 기존 기부자를 관리하는 것이 어떤 측면에서 유익한지 그것을 구체적으로 파악하고 정의내리는 것 또한 나갈길에겐 숙제로 남아 있었다.

"진정아, 니 관점에서는 신규 개발을 할 필요가 없고 기존 기부자만 관리하자는 말이니?"
"갈 길 몰라 헤매는 나갈길아, 너의 나갈 길을 다시 알려주마."

"이름 갖고 놀리지 말고."

"그래, 신규 개발은 여전히 중요해. 다만 신규 개발을 시작할 때 맨 땅에 헤딩하지는 말자는 거지. 신규 개발을 하더라도 그 시작은 기존 기부자로부터 시작하자는 말이야."

"음.. 나도 그렇다고 알고는 있었지만 확인하고 싶었어."

"그래. 비빌 언덕이 있어야 투입대비 효과가 좋잖아. ROI(Return on investment, 투자 대비 수익률)이야 말로 마케팅의 핵심 아냐?^^"

"진정아, 니 입에서 영어가 나오니까 되게 낯설다. 암튼 ROI라.. 그걸 우리 지부들이 계산해 낼 수 있을까? 사업하기도 바쁜데?"

"일일이 계산하자는 말은 아니고, 우리가 사업을 할 때 어떤 사업을 할지, 또 어떤 방향으로 갈지 우선순위를 선택할 수는 있잖아. 그때 판단의 중요한 근거가 되기를 바라는 거지..^^"

"하지만 정확히 계산할 수 없다면 ROI가 무의미할 것 같은데?"

"나갈길, 그렇지! 니 말이 맞아. ROI가 정확하게 측정되려면 사업에 대한 성과측정이 객관적이어야 해. 하지만 내 경험상, 많은 비영리조직에서 이걸 시도했지만 표준이 있는 것은 아니야."

"그렇다면 ROI가 무슨 의미가 있어? 어떻게든 우리의 성과를 계량화해야지. 안 그래?"

"어. 안 그래.^^ 난 개인적으로 ROI보다 더 중요한 건 가치에 대한 측정이라고 봐. 즉, 투입한 것에 대한 수익률 측정이 아니라 가치에 대한 측정을 해야한다는 거지. 우리가 하려는 일이 모두 다 숫자로 계량화 될 수는 없다고 보거든."

"계량화를 시키지 않는다면 무슨 의미가 있냐고? 약간 맞지 않는 부분이 있다해도 계량화를 시도해야 정확한 ROI가 측정이 되지."

"갈길아, 생각해봐. 나눔문화 확산을 위한 이벤트를 했다고 치자. 하지만 그런 행사는 수익이 곧바로 발생하는 행사는 아냐. 그럼 ROI의 관점에서 볼 때 이건 측정도 불가하지만, 수익이 없으니 실패한 사업일까?"

"물론 세세하게 측정하는 게 어렵다는 건 알지만.."

"그래서 수익률보다 중요한 것은 가치에 대한 측정이라고 봐. 비영리조직에서 하는 사업들이 다 수익으로 환원되는 것은 아니거든. 우리가 그런 이벤트를 통해 수익이 없다 해도 분명 시민들에게 우리의 가치를 알렸기에 그런 면에서 그것도 성과가 있는 행사가 되는 거지. 그러니 우리의 모든 일을 수익률에 관한 관점으로 바라보는 것은 위험한 일이라고 생각해. 우린 기업이 아니잖아.. 다만! 한 가지 숙제가 남긴 해. 가치를 과연 어떻게 측정할 것인가.. 이게 나도 고민이야."

"그래, 진정아. 나도 지금은 혼란스럽다.. 일단 두 가지 관점을 다 이해할 것 같아. 일단 지부의 모금팀들과 심기일전에서 다시 협업 해 볼께!"

"시원한 대답, 참 오랜만이네. 좋았어! 오케이!"

나갈길은 작은 지부들도 부담 없이 이러한 원칙을 적용할 수 있도록 되도록 쉬운 안내로 그들의 사업을 가이드하려고 했다. 지금까지의 많은 논쟁과 그 시사점을 간결하게 정리한 이메일을 각 지부 사무국장들에게 발송했다. 나갈길의 정돈된 방향대로 지부도 잘 움직여 주었다. 단기간의 성과가 보이는 것은 아니었으나 지부의 모금사업은 서서히 그 방향을 잡아가고 있었다. 그렇게 몇 개월의 순항 중 한 지부의 사무국장이 전화를 걸어왔다.

"나팀장, 안녕하세요?" 저 K지부 사무국장입니다."
"아 네 사무국장님, 안녕하세요?"
"뭐 급한 일은 아닙니다. 상의드릴 데가 없어서.. 혹시나 하고 전화드렸네요."
"네, 뭐든 말씀만 하십시오. 지부를 돕는 게 중앙본부의 역할 아니겠습니까?"
"네, 감사합니다. 다른 게 아니라, 지난 번 중앙본부 모금팀에서 업무연락으로 보내주신 내용 큰 도움이 됐습니다. 우리처럼 작은 인원으로도 할 수 있는 방향을 알려줘서 정말 실용적이었어요."
"감사합니다!"
"근데요 나팀장, 몇 개월 하다 보니 고민이 생겼어요."
"뭔데요, 사무국장님?"
"중앙본부의 사업 가이드대로 소액 정기 기부자들을 더 확산시키기 위해서라도 기존 기부자를 관리하는 거.. 충분히 근거가 있으니 납득도 되고 또 실제로 해보니 어느 정도 효과도 있습디다."
"그런데요?"

"근데 고민이 문득 들었어요. 이대로 소액 정기 기부자가 계속해서, 그러니까 끝도 없이 확산될 것인가가 말이죠."

"음... 네.. 계속 말씀해주세요. 사무국장님."

"지난달 보니, 신규 가입률이 정체가 되었더라구요. 그때 불안해 지는 거에요. 이게 언제까지 확산될까, 계속 이대로 밀어붙이면 계속해서 확장된다고 생각해도 괜찮은 건가, 말이죠. 그렇잖아요? 이 지역의 인구는 한정되어 있는데, 아무리 관리를 잘해서 신규 기부자를 유치한다고 해도, 이 성장세가 언젠가 한계가 올 거 아닙니까? 그런 대비 없이 그저 이런 모금을 계속 열심히만 하면 되는 건지 그런 고민이 들었단 말이죠. 이거 뭐 어디 물어볼 데도 없고 해서 전화 한번 해봤습니다..."

"흠.. 사무국장님, 그 말씀이 맞습니다. 저희 〈모아모아〉가 역사가 꽤 되기 때문에 소액 기부자들로만 모금사업을 성장시키기엔 분명 한계점이 도달할 겁니다."

"아, 나팀장도 인지를 하고 있기는 있군요?"

"물론이죠, 사무국장님. 그래서 저희 중앙본부 모금팀에서도 다음 단계의 모금모델을 구상 중입니다. 아마 내년쯤에 발표될 겁니다."

"그게 뭔데요? 갑자기 궁금해지는데요?"

"ㅎㅎ 네, 바로 고액 기부자 발굴입니다."

"고액 기부자요? 흠...."

"소액 기부자만으로 단체를 성장시키는 것은 한계가 있습니다. 많은 전문가들도 비슷한 지적을 하구요. 결국 고액 기부로 옮겨가지 않으면 단체는 정체를 하게 됩니다. 그 동안은 이 고액 기부 사업을 준비하기 위한 사전 단계라고 보셔도 될 겁니다."

"사전 단계라니요?"

"사무국장님도 아시겠지만, 소액 기부자에 비해 고액 기부자는 더 시간과 공을 많이 들여야 하잖아요? 근데 그렇게 긴 시간과 노력을 투입할만한 여건이 되지 않으면 착수할 수 없거든요. 하다가 실적 안 나오면 아마 포기하란 소리가 나올 겁니다. 즉 '단체가 그것을 기다려 줄 수 있는 여건이 될 만큼 성장되었고 안정되어 있는가, 구성원들이 인내를 가지고 추진할 수 있는가, 또 소액 기부자 관리를 통해 기부자 관리나 예우에 대한 경험이 충분한가' 등을 따져보고 착수해야하다는 거죠?"

"그래서 나팀장은 뭐 결정한 거라도 있어요?"

"네, 사무국장님, 내년부터는 고액 기부자 사업도 추진하려고 합니다. 〈모아모아〉는 이제 그럴 단계로 접어들었다고 봅니다."

"흠.. 그렇군요. 고액 기부자 사업을 하고 싶다고 해서 다 할 수 있는 건 아니군요. 거기에도 나름의 조건과 환경이 요구된다는 말이지요? 좋은 거 배웠습니다. 전화하길 잘 했어요."

"아이고 아닙니다. 사무국장님, 제가 아직 부족합니다. 앞으로도 많이 가르쳐주세요."

"하하하, 네 그럼 수고하세요. 감사합니다."

나갈길이 고액 기부자 개발을 구상하고 있던 어느 날이었다. 〈모아모아〉의 한 이사분이 소개시켜 준 강회장으로부터 전화가 왔다. 강회장은 상당한 재력이 있는 분으로 〈모아모아〉의 이사들과 친분이 있었다. 최근 〈모아모아〉에

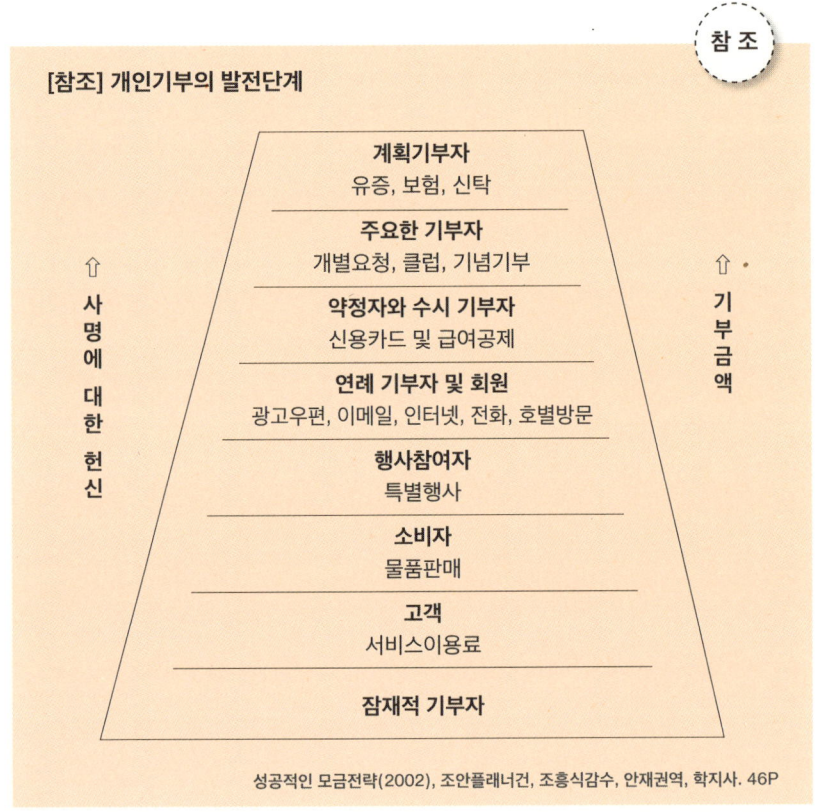

서 고액 기부자 발굴에 착수했다는 소식을 듣고서는 전화를 걸어왔다. 나갈길은 〈모아모아〉의 첫 고액 기부자가 될 지도 모르는 이번 미팅을 준비하기 시작했다. 나갈길은 팀원들을 소집했다. 그리고 강회장에 대한 개인정보를 조사하라고 지시했다. 비밀스런 부분까지 알 수는 없지만 적어도 공개된 개인정보를 미리 준비하여 강회장과 대면했을 때 공감대에 기반한 대화를 하기 위해서였다. 나갈길은 강회장을 만나러 가기 위해 다음의 사항을 꼼꼼히 메모했다.

그러나 강회장이 알려진 사업가라 해도 개인정보를 인터넷에서 찾는 것은 일정한 노력이 필요했다. 하지만 인터넷이 발달된 시대에 살고 있기에 많은 부분을 인터넷 서핑을 통해 해결할 수 있는 것은 다행이었다. 검색을

기부관련 정보
- 기부를 한 적이 있는지, 기부금액은 얼마나 되는지
- 얼마나 자주 하는지, 최근에 한 적이 있는지
- 기부 성향은 어떤지, 어떤 이슈에 관심이 있는지
- 우리 기관과 어떠한 관계가 있는지

개인신상 정보
- 대략적인 재산 규모
- 경력, 직업, 직장
- 취미나 관심사
- 가족 관계
- 출신 학교, 출신 지역
- 최근의 관심사, 고민거리

통해 수 십 개의 기사를 살펴보니 강회장의 개인신상 정보나 기부관련 정보가 보였다. 강회장은 과거 아동단체에 고액을 기부한 경력이 있었다. 자주 기부하지는 않았으나 한 번 할 때의 금액은 꽤 큰 금액이었다. 짐작해 볼 때 강회장의 기부패턴은 거액을 기부하는 타입으로, 정기적인 기부는 아니지만 한번 기부할 때의 액수는 거액이었다.

개인신상정보는 역시 기사를 통해 파악하는 것이 가능했다. 사업체의 규모나, 경력, 취미 등은 수년 전 정부로부터 수출훈장을 받으며 보도되었던 기사를 통해 실마리를 얻을 수 있었고 가족관계나 출신 학교는 유명인사 프로필 사이트에서 간단한 검색을 통해 파악할 수 있었다. 고액 기부자 중에는 성공한 사람들이 많기 때문에 관련된 정보를 인터넷 등에서 찾는 것이 가능한 일이었다.

이제 (잠정) 기부자 미팅에 대한 모든 준비가 끝났다고 생각한 나갈길은 방문 전 전화를 드려 일주일 후 찾아갈 것을 의뢰했다. 그리고 모금팀원 한 명과 동행하기로 했다.

"안녕하십니까? 회장님. 뵙게 되어 영광입니다. 여기 저희 제안서입니다."
"나팀장, 제안 내용을 미리 보내주어 고맙습니다. 바빠서 다는 못 읽었지만 대체로 제안내용이 좋습니다. 아동들을 위해 기부를 하라고 했지요?"
"예, 회장님."
"그런데 아동 문제를 다루는 다른 단체가 많잖아요? 아동 전문 기관도 있구요.. 그런데 왜 꼭 〈모아모아〉에 기부해야하는지 설명해 주실 수 있습니까?"

"예? 아, 그것은... 네.. 말씀드리겠습니다. 저희 〈모아모아〉는 규모가 꽤 큰 기관이고 또 다른 어떤 단체보다 행정처리가 투명해서 믿을 수 있는 기관이기 때문입니다. 예를 들면..."

"기관이 크면 신뢰도도 당연히 높아지는 건가요? 흠... 혹시 신뢰를 증명할만한 어떤 자료 같은 게 있습니까?"

"네? 자료요?"

"나팀장, 저는 지난 10년간 한 아동단체에 기부를 해왔습니다. 그리 큰 액수가 아니라 부끄럽지만 그래도 돈이 좀 생기면 내가 어려웠을 시절을 생각하며 나눔을 실천했지요. 그런데 그 단체에서는 그 돈이 어떻게 쓰였는지 내게 잘 알려주지 않았어요. 내가 직접 홈페이지 들어가서 일일이 찾아보는 건 힘들어요.."

"아, 그런 경험이 있으시다니 제가 괜히 부끄럽습니다. 회장님. 저희 〈모아모아〉는 절대 그렇지 않습니다."

"허허.. 그래요. 물론 그 분들도 좋은 곳에 쓰시겠죠.. 의심하는 건 아닙니다. 그런데 주변에서 자꾸 말려요. 그곳에 기부하지 말라고 말이에요.. 아동 단체가 우리 사회에 많은데 왜 하필 거기다 내냐구요.. 그래서 〈모아모아〉의 이사 한 분으로부터 권유를 받고 〈모아모아〉에 기부를 해볼까해서 연락을 했던 겁니다. 그런데 〈모아모아〉에 기부할 이유를 내게 납득시켜 주지 않는다면 나도 다시 생각해 봐야할지 모르겠어요."

예상치 못한 질문이 미팅을 어렵게 만들고 있었다. 기부자 미팅이 순조롭게 흘러가지 않아 괴로운 나갈길은 혼란스러워 졌다. 특히, 강회장이 "왜 〈모아모아〉에 기부해야 하는지 그 이유가 납득되면 기부하겠다"고 말했던 것은 예상 밖의 것이었다. 이미 〈모아모아〉에 연락을 주셨을 때는 반 이상은 기부결심을 하고나서 전화를 한 것이라 판단했는데 그것은 고액 기부자를 너무 쉽게 생각한 오판이었다. 나갈길은 미팅 내내 갈피를 잡지 못했지만 정신을 다시 찾고 강회장에게 질문을 드렸다.

"회장님, 혹시 아동 분야 말고 다른 분야도 고려하시는 건가요?"
"아니요. 그런 건 아닙니다. 전 아동 분야에 계속 기부할 생각입니다."
"회장님, 그러면 저희가 제안 드린 금액이 많아서 좀 불편하셨습니까?"
"허허.. 그런 건 아닙니다. 뜻만 좋으면야 돈이 문제겠습니까?"
"그러면 오늘 말고 다른 날 찾아뵐까요?"
"흠.. 네 아무래도 오늘은 각자 생각을 좀 정리하는 게 낫겠어요.. 나팀장에게 미안해서 어쩌지요?"
"아닙니다, 회장님. 저희가 준비를 너무 소홀히 한 것 같습니다. 다음에 찾아뵈면 회장님께서 고민스럽지 않으시도록 준비를 더 철저히

해서 찾아뵙겠습니다. 오늘 정말 죄송했습니다."

나갈길은 빈손으로 복귀했다. 아무런 성과 없이 사무실에 돌아온 그는 오늘 겪은 일을 찬찬히 돌아봤다. 그리고 오늘의 실수를 되풀이 하지 않기 위해 그 교훈을 문서로 정리하기로 했다. 〈개인기부자 미팅 매뉴얼〉로 명명한 이 매뉴얼은 나팀장 스스로를 위한 것뿐만 아니라 전국의 모든 지부를 위한 것이었다. 오늘의 가장 큰 교훈은 기부자의 예상치 못한 아찔한 질문에 관한 것이었다.

위와 같은 질문에 모금 담당자는 지체 없이 답할 수 있겠는가? 나갈길은 자문했다. 만약 머뭇거리거나 주저한다면 미팅 분위기는 가라앉을 것이다. 고액 기부자일수록 질문이 많다. 고액 기부자는 기본적으로 정보가 많고 경험이 많은 사람들이다.

(잠정) 기부자들의 '아찔한' 질문 5가지

① 왜 하필 당신 기관에 기부해야 하는가?
② 당신 기관이 이 프로젝트에 있어서 가장 큰 효과를 낼 수 있나?
③ 관리운영비(경비)는 얼마나 쓰나? 왜 쓰나?
④ 그러는 당신은 얼마나 기부하나?
⑤ 기부 이후의 결과는 어떻게 알려줄 것인가?

The fundraising planner: a working model for raising the dollars you need(1999). Terry Doug Schaff. 재편집

따라서 좀 더 세부적이고 정확한 정보를 선호한다. 따라서 이러한 난감한 질문은 충분히 숙지하고 기부자 미팅을 준비해야 한다.

그러나 고민은 멈추지 않았다. 강회장과의 대화 중 지적되었던 〈모아모아〉의 기부에 대한 결과보고의 고민이었다. 강회장이 거론했던 한 아동단체의 문제점, 즉 기부금에 대한 결과보고 소홀은 비단 그 단체만의 문제는 아니었다. 〈모아모아〉 역시 돈을 모으는 실적에만 치중한 나머지 결과보고에 소홀했던 점이 있다는 것을 나갈길도 부인할만한 처지는 되지 못했다. 그러나 여전히 모금기관은 그 무엇보다 모금이 중요하다고 믿었던 그였다. 다만 모금에 비해 그 지원결과나 피드백의 중요성이 얼마나 많은 비중을 차지할지가 궁금해졌다. 모금을 하는 비영리조직에 '모금'이 중요한가, 그 '결과'가 중요한가, 모금을 잘하기 위해서라도 무엇을 더 중요하게 여겨야 하는지 그것이 궁금했다.

나갈길은 답답한 마음에 박진정에게 전화를 걸었다. 박진정의 모금에 대한 관점은 나갈길과 달랐다. 박진정은 모금에 있어서 모금행위 자체가 중요한 것이 아니라 모금의 결과가 더 중요한 것이라 생각했다. 나갈길은 그녀의 의견이 듣고 싶어졌다.

"박진정, 너는 모금에 있어서 뭐가 제일 중요하다고 보니?"

"모금이 잘되려면, 당연히 돈이 어떻게 쓰였는지를 보여주는 게 가장 중요하지. 기부금이 어떻게 사용되었고 그것으로 사회의 어느 부

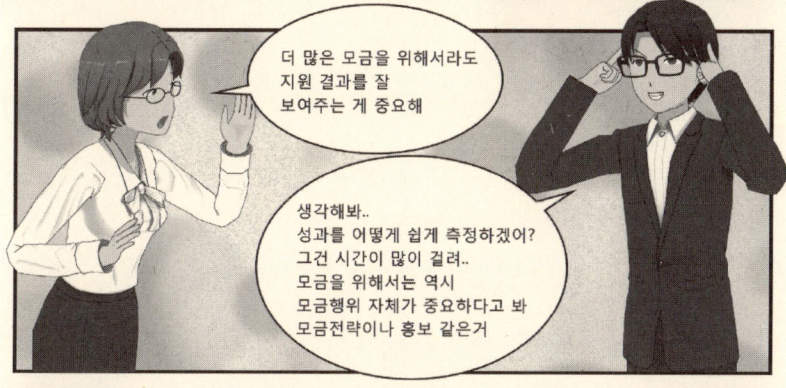

분이 어떻게 변했는지, 어려운 말로 '커뮤니티 임팩트'(Community Impact)라고 하지. 그리고 그것을 위해 〈모아모아〉가 어떠한 일을 했고 그 일을 제일 잘하는 기관이 왜 〈모아모아〉인지 설명하는 것, 이것이 모금에 있어서 더 중요하다고 봐. 즉 모금을 위해서라도 모금 자체보다는 모금의 결과가 더 중요하단 뜻이야."

"하지만 모금이 잘되려면 모금계획 등을 준비하는 일이 중요하다고는 생각 안 해? 가령 모금전략도 짜고 기부자 조사도 하고 또 설득할 수 있는 커뮤니케이션 기술도 개발하고…"

"나팀장, 네가 만난 고액기부자 강회장님을 떠올려봐. 그런 분들은 니가 설득한다고 설득이 되어서 기부하는 분들은 아냐. 자신만의 판단과 가치관이 이미 정립된 분들이니까."

"고액 기부자일수록 그들만의 벽이 높다는 건 인정해. 하지만.."

"그렇기 때문에, 우리가 무언가를 가르치려 한다거나 설득하는 것보다는 그들이 원하는 욕구를 채워드리는 게 필요하다고 봐. 그 큰돈이 어디에 어떻게 쓰였는지 소상히 설명을 드리는 거, 이게 기본 아닐까? 돈을 어떻게 썼는지 알려드리는 것, 이게 기부자 관리의 핵심이지, 다른 복잡한 말은 난 모르겠어."

나갈길은 박진정과의 대화를 통해 자신 놓치고 있었던 무언가를 캐치했다. 모금의 성공 여부는 돈을 모으는 노력 자체에 있다고 믿었는데 박진정에 의하면 반대로 그 돈을 어디에 썼는지가 더 중요하다는 것이었다. 즉, 모금을 잘하기 위해서라도 오히려 모금행위 자체보다는 모금에 대한 결과를 측정하고 증명하는 행위가 중요하다는 말이었다.

나갈길은 무엇이 정답이라 아직 결론내릴 수는 없었다. 그러나 한쪽으로 치우친 자신의 생각에 균형을 되찾기 위해 박진정의 생각을 자신의 업무노하우를 기록한 『개인기부자 미팅 매뉴얼』에 첨가하기 시작했다. 오늘 강회장과의 미팅을 통해 느낀 시사점에 박진정의 의견을 결합해 정리한 노트였다. 아직 완벽한 것은 아니지만 나갈길이 정리한 내용은 다음과 같았다(p. 146 참조).

고액기부자의 습성을 정리한 나갈길은 박진정에게 불만을 털어놨다. 부자들에 대한 불만이었다.

"진정아, 난 아무래도 불만이야."
"왜 또?"
"재산 많은 부자들은 기부금 좀 팍팍 낼 수 없나? 뭘 그리 따지지?"
"나갈길! 너 어디가서 그런 소리 하지 마라. 정말 큰일 날 소리야."
"알어. 알어. 너 앞이니까 그냥 하소연이라고 생각해줘.. 강회장님 만나고 왔는데 너무 힘들다. 정말."
"부자들이라고 해도 고액의 기부를 한다는 건 정말 쉽지 않은 일일거야."
"진정아, 나도 알어. 하지만 한 30억을 보유한 부자가 1억 정도 시원하게 내주는 게 그리 힘든 건가? 내가 이상한 건가??"

『개인기부자 미팅 매뉴얼』

고액 기부자의 습성

① 고액 기부자는 한 곳에만 기부하지 않는다. 그들은 이미 다른 단체나 대학에도 기부를 해왔다. 따라서 기부자 피드백이나 서비스, 행정처리, 결과에 대한 만족감 등을 타 기관과 비교해 볼 수 있다. 그러므로 사후 관리에 대해 더 신경 써야 한다.

② 고액 기부자는 자선 전문가다. 기부에 대한 제반 지식이 매우 많은 편이며 세금혜택이나 기부자 피드백에 대해 구체적으로 경험한 바 있다. 그들을 만날 때 담당자의 지식이 딸려 대화가 잘되지 않았다면 이는 기관의 신뢰도 저하로 이어질 것이다. 기부자들은 자기가 만난 직원을 보며 그 기관의 신뢰도를 연결시켜 판단하기 때문이다.

③ 기부자들은 자신의 얘기를 들어주는 걸 좋아한다. 고액 기부자일수록 자신이 이룩한 사회적 성취(성공)에 대해 공유하고 싶어 하며 주변으로부터 사회적 인정을 받고 싶어 한다. 이런 면에서 그들끼리 교류할 수 있는 사교의 장을 형성해 주는 것은 유의미하다.

④ 고액 기부자의 만족은 개인의 만족으로 그치지 않고 좋은 일로 연결되어 되돌아 올 가능성이 매우 높다. 자신의 기부행위를 주변에게 권하는 것은 그들에겐 일종의 자랑꺼리일 수 있기 때문이다. 기부자가 모금가가 되는 경우다. 따라서 신규 고액 기부자의 발굴은 기존 기부자의 극진한 관리로부터 시작된다.

"30억 부자가 1억을 낸다고? 하하하! 정말 말 쉽게 하네. 갈길아, 정신차리고 잘 들어봐. 네 재산이 집까지 합쳐서 총 3억이라고 하자. 그럼 넌 천만원을 쉽게 기부할 수 있겠어?"

"어???? 그러네.. ㅎㅎㅎㅎ"

"갈길아, 남이 돈 많다고 쉽게 생각하면 안 돼. 그럴수록 우리는 더욱 인내를 가지고 귀하게 모셔야지."

"알았다. 박진정. 그래서 강회장님이 거절했을 때 그냥 나오지 않고 이것저것 확인을 했던 거야. 또 아무리 부자라도 액수가 마음에 걸리셨을 수도 있겠고..."

"그래, 고액의 경우엔 한 번에 받는 게 아니라 나눠서 받는 것도 좋은 거 같아. 부자라는 게 현재 보유재산이 많은 자산부자도 있지만, 재산은 적은 반면 현재의 소득이 높은 소득부자도 있거든, 가령 대기업 임원이랄까? 후자의 경우엔, 고액기부를 할부로 나눠서 요청하는 것이 잘 먹힐 거야."

"흠...... 그렇다면 고액 기부자도 좀 분류가 필요하겠네(그렇다면 역시 DB를 통한 프로파일링을 해야겠지?)."

약 1년이 지난 후 고액 기부자가 20여명 정도 되었을 때 나갈길은 이를 DB화 했다. 그것은 그가 그토록 꿈꿔왔던 프로파일링 작업의 시작이었다. 이러한 정보는 모금팀원들에게 기부자 관리의 측면에서 뿐만 아니라 기

(잠정) 기부자 정보 프로파일

날짜: _____

이름: _____

주소(직장): _____

전화(직장): _____ (집) _____ (휴대폰) _____

이메일: _____

이 기부자를 알고 있는 사람: _____

비영리단체에 대한 관여 사항(기존 기부처 등): _____

우리 단체의 대의에 공감한다는 증거: _____

직업: _____

직장명: _____

가족 구성: _____

기타 관심사/취미: _____

주요재산 형태(추측): ☐ 동산, ☐ 부동산, ☐ 고소득, ☐ 기타 _____

기타 알아두어야 할 사항: (예: 관계성 중요시, 예절 중요시, 해박한 지식의 소유자, 집으로 전화하는 것을 싫어함, 일반 우편보다는 이메일을 선호함, 모든 결정은 배우자와 함께함 등)

_____

전략적 접근 방법(한 줄): _____

(예: 관계를 중요시 하므로 자주 연락할 것, 해박한 지식의 소유자 이므로 방문 전 행정처리나 지원현황, 관계법령 등을 한번더 숙지할 것 등)

Fundraising for Social Change(2007), Kim Klein 재편집

관의 신뢰도 향상과 기부자 만족감을 통해 신규 기부자를 발굴하는 데 활용하기 좋았다. 그리고 프로파일링이 완성되어 갈 무렵 그는 기부자의 예우방안을 검토했다.

> **참조**
>
> **United Way의 기부 등급별 클럽** *연간 기부액(단, 백만불원탁회의는 제외)
>
> ❶ **Rosenberry Society**
> - 30세 이하 (250불)
> - 30~40세 (500불)
>
> ❷ **Key Club**
> - 코　퍼 : 750 ~ 1,124 불
> - 브론즈 : 1,125 ~ 1,499 불
> - 실　버 : 1,500 ~ 2,999 불
> - 골　드 : 3,000 ~ 7,499 불
> - 플래티넘 : 7,500 ~ 9,999 불
>
> ❸ **Toqueville Society**
> - Members de la Société 협회회원 $10,000~$24,999
> - Order de Liberté 자유훈장 $25,000~$49,999
> - Order d`Egalité 평등훈장 $50,000~$74,999
> - Order de Fraternité 박애훈장 $75,000~$99,999
> - La SociétéNationale 전국협회 $100,000~$249,999
> - Ordre d`Indépendance 독립훈장 $250,000~$499,999
> - Ordre de Connaissance 지혜훈장 $500,000~$749,999
> - Ordre de Prospérité 번영훈장 $750,000~$999,999
> - La Table Ronde des Millions de 백만불원탁회의 $1,000,000 이상

> 참조

기부자의 등급별 분류를 통한 관리의 사례
<기부자 예우 목록의 예>

1만원 이하	연간보고서에 이름 기재
1만원 이상~5만원	- 연간간보고서에 이름 기재 - 연말 캠페인 기간 중 홈페이지에 이름 기재 - 감사 서신 발송
5만원 이상~30만원	(앞의 혜택 더하기) - 기부자의 전당(벽)에 이름 기재(1년간) - 캠페인 결과보고서에 이름 기재 및 특별감사 인사 때 언급
30만원 이상~100만원	(앞의 혜택 더하기) - 기관 회장의 싸인이 들어간 패널을 명예의 전당에 영구 기재
그 이상	(앞의 혜택 더하기) - 보도자료 배포로 알리기 - 지역신문에 칼럼 기고를 통해 이름 언급해주기 - 전달식 거행 - 가장 큰 패널로 명예의 전당에 영구 기재

The Capital Campaign(2005). Julia Ingraham Walker. Wiley & Son, Inc. 재편집

아름다운 가게의 상황별 기부자 예우 체계

상황	예우 내용
기부의사 표현 시	감사문자 서비스
입금 즉시	감사문자 서비스
	감사선물 - 명함, 자석뱃지
매 월	안부문자 서비스
	이메일 - 전체 기금내역 및 사업진행 내용 안내
반기별	문자 서비스
	책자 - 관련 사업 진행결과
	기부 파티 - 사업 소개
년 별	전화
	감사편지
	책자 발송 - 나눔보고서
	책자 발송 - 연간보고서
	행사 - 기부자의 밤 초대
	기부금 영수증 발송
명 절	감사문자 서비스
의사 표현 시 (감사 혹은 항의)	전화
	방문
	감사 카드와 선물 발송
수 시	뉴스레터 제공
	이벤트 할인혜택 정보 제공
	관련사업 워크숍 혹은 모임에 초청
기부 종료 시(해지)	감사 카드
	다른 캠페인 후원신청서 발송

*소액 정기 기부자 기준

모금의 성공요인
거버넌스와 윤리

사회복지법인 〈모아모아〉의 해외협력기관인 〈See See Call Call〉은 미국 사회에서 떠오르는 자선기관으로 평가되고 있다. 〈시시콜콜〉은 지역사회의 문제를 보고(See) 장기적인 변화를 이해하며(See) 지역주민들을 초청하여 (Call) 공동으로 해결책을 찾고 기부자를 일일이 찾아다니는(Call) 모금을 한다. 〈시시콜콜〉은 지역사회의 변화를 위한 기초적인 복지혜택을 위해 일하는 것이 미션이며, 미국 내에 10만명의 기부자와 1천명의 자원봉사자가 참여하는 연간 모금액 1억불(한화로 약 1천억원) 규모의 단체다. 그러나 이 단체가 더욱 자랑하는 것은 그들의 리더십이다.

〈시시콜콜〉의 리더 죤박(John Park) 사무총장(CEO)은 한국계 미국인으로 이민 1.5세다. 그는 7살 때 부모와 함께 도미했고 유년 시절의 꽤 긴 시간 동안 복지 사각지대에 방치되어 있었다. 이러한 과거는 그를 자선기관의 리더로 만들었다. 존박은 〈모아모아〉와의 교류로 인해 한국을 자주 방문하곤 한다. 존박은 나갈길의 롤모델이기도 하다. 언젠가 나갈길은 존박에게 물었다.

"Mr. John. Do you really think that governance is a key factor to raise the fund?"
"존박 사무총장님, 모금에 있어서 정말 거버넌스가 중요한 요인이라고 생각하세요?"
"Yes. Then what else? It's all about governance!"
"물론이죠. 그럼 뭐가 더 있는데요? 거버넌스가 가장 중요해요!"
"Hmm... But I don't know where I should start from."
"흠... 그런데 대체 어디부터 시작해야 할지 모르겠어요."
"Mr. Na. Just remember 3Ws, 3Ts and 3Gs."
"나팀장, 우선 3W와 3T 그리고 3G만 기억하세요."

〈시시콜콜〉의 힘은 그들의 거버넌스로부터 나온단다. 〈시시콜콜〉의 이사회는 이 단체를 움직이는 가장 중요한 그룹이다. 〈모아모아〉의 이사회는 명망가 중심이다. 반면 〈시시콜콜〉은 명망가도 있지만 그들의 이름 자체에 연연하기 보다는 실질적인 기여를 하는 분을 더 선호했다. 현직 기업 대표인 이사는 직원들이 기부 캠페인에 참여하도록 독려를 한다. 홍보/광고에 관계된 이사는 홍보와 광고에 실제적인 도움을 준다. 재산이 많은 이사는 기부를 한다. 〈시시콜콜〉의 이사들은 각자의 상황에 따라 〈시시콜콜〉에 기여하고 있었다.

"Mr. Na, I want you to understand each meaning of letters..."
"나팀장, 각 알파벳이 무얼 의미하는지 알았으면 해요.."
"Oh thank you, Mr. Park."
"아 감사합니다. 존박 사무총장님"

존박이 말한 3W, 3T, 3G

- 3W: 일을 하거나(Work), 돈을 내거나(Wealth), 지혜를 주는(Wisdom) 것
- 3T: 시간을 내거나(Time), 돈을 내거나(Treasure), 재능으로 기여하는 것(Talent)
- 3G: 돈을 내거나(Give), 어디서 얻어 오던가(Get), 아니면 떠나라(Get off)는 것

"아하, 이거 단순하면서도 참 함축적이네요!"

존박은 이 우스갯소리 같은 법칙을 이사회에 정말 적용하고 있었다. 나갈길은 존박의 설명을 들으며 자신의 상황을 돌아보았다. 〈모아모아〉의 이사들은 그저 이름만 걸쳐놓을 뿐이었다. 오히려 이름만 걸쳐주기를 바래왔는지도 모른다. 특히 지역에서는 유력인사를 배제하기 쉽지 않다. 소위 지역 유지들 간의 알력도 작용하기 때문에 누군가를 배제했다간 미운털이 박힐 수도 있기 때문이다. 반면 지역의 유력인사가 간판으로 있을 때 일이 수월하게 풀릴 수 있다는 것은 피할 수 없는 사실이었다. 그러나 박본부장은 존박과는 다른 입장이었다. 지역 출신인 박본부장에게 존박의 관점에 대해 어떻게 생각하는지 나갈길은 묻고 싶어졌다. 역시 본부장의 견해는 존박과는 많이 달랐다.

"나팀장, 미국과 한국은 달라. 여기 이사들이 실제로 일을 하면 얼마나 할 것 같나? 생각해 보게. 실무적인 일로 도움을 주는 게 우리에게 유익하겠나, 아니면 그들의 네임밸류를 통해 우리 기관의 위상을 높이고 그것으로 더 큰 일을 이뤄내는 것이 더 유익하겠나? 답은 뻔하지 않은가?"

"본부장님, 계속 명망에만 의존하면 단체의 힘과 응집력은 떨어지고 말 겁니다."

"나팀장, 거버넌스의 문제는 단순해. 알면서도 안 되는 거야. 자네가 지적한 문제가 뭔지 나도 알고 있지만 무엇이 문제인지를 아는 사람이 조직의 결정권자들 아닌가? 그들이 자신 스스로 개혁할 수는 없지 않은가? 그러니 알면서도 잘 안되는 게 이사회 개혁이다 이거지. 이제 자네도 팀장이 됐으니 이 정도는 알고 있지 않은가?"

나갈길은 하나의 결심을 했다. 이사회를 교체하는 것이 힘들다면 적어도 그들의 역할을 정확히 규명해서 요청하는 것이 그마나 할 수 있는 방법이라고 판단한 것이다. 그는 이사회의 역할을 문서로 작업해 본부장에게 보고를 하고 이사회에 올려 승인을 받고자 했다. 나갈길이 작성한 이사회의 책임과 역할은 다음과 같았다(p. 159 참조).

나갈길은 박본부장의 만류를 뿌리치고 이 문서를 총무팀장에게 넘겼다. 총무팀장은 이사회에 상정할 수 있는지 검토해 보겠다는 답을 주었다. 며칠 후 총무팀장의 답이 왔다. 이것은 당연한 것이므로 승인의 대상이 아니라는 것이 총무팀장의 답이었다. 당연한 것인데 왜 지켜지지 않는지 나갈길은 문제제기를 했으나 총무팀장은 당연한 것을 증명하려고 다그친다면 남아있을 이사가 몇 명이나 있겠냐고 되물었고 나갈길은 아무런 답을 하지 못했다.

나갈길은 절망을 보았다. 그는 이사회의 책임과 역할에 대한 건의조차 묵살되는 걸 지켜보며 마지막으로 이사회의 자가진단을 건의하기로 했다. 그

나갈길이 건의한 이사회의 책임과 역할

❶ 이사회는 비전과 미션이 무엇인지 찾아내어야 한다.
조직의 나아갈 방향을 규정하고 리드해야 하며 조직의 정체성을 지속적으로 고민하고 제시해야 한다. (지역)사회를 대표하는 오피니언 리더로써 사람들의 생각은 무엇인지, 그들이 우리 기관에 기대하는 것은 무엇인지 파악해야 한다.

❷ 직무를 효과적으로 위임할 수 있어야 한다.
이사들이 직원들처럼 실무적으로 일을 해서도 안 되고 세부적인 실무까지 간섭하면 안 되지만 적어도 사무국(혹은 관련 위원회)에 효과적인 업무의 위임을 하는 역할을 해야 한다.

❸ 이사회는 조직의 자원을 확보해야 한다.
자원은 돈과 사람(자원봉사자) 모두를 뜻한다. 특히 이사들 스스로가 기부를 해야 한다. 이는 성공적인 모금을 위해서는 필수 요소다.

는 이사들이 무엇을 잘 했는지, 잘못했는지를 스스로 평가하는 문서를 작성했다. 이사회에서 이 문서를 통과시키겠다는 의도는 아니었다. 적어도 이사들이 현재보다는 더 적극적으로 일을 해야 한다고 호소하는 측면의 문서였다. 이 문서를 끝으로 나갈길은 이사회의 문제에서 손을 털기로 했다. 넘을 수 없는 산이었다. 더 깊이 개입하는 일은 본인의 생명줄을 단축시키는 일일지도 모른다는 생각에 두려워졌다.

> 참조

이사회 자가진단 - Individual Board Member Self-Evaluation

	Yes	No	Not Sure
1. 나는 기관의 미션을 정확히 이해하며 지지하고 있는가?			
2. 나는 기관의 사업과 프로그램에 대해 정확히 숙지하고 있는가?			
3. 나는 기관과 관련된 중요한 변화상과 트렌드에 대해 알고 있는가?			
4. 나는 기관의 모금캠페인을 돕는가? 아니라면 개인적인 연례 기부를 하는가?			
5. 나는 기관의 재정건전성에 대해 숙지하고 있는가?			
6. 나는 단체의 대표(사무총장)과 좋은 관계를 맺고 있는가?			
7. 나는 사람들에게 이사회에 봉사할 것을 권유하고 있는가?			
8. 나는 이사회 회의에 참석할 경우 준비된 자세로 임하는가?			
9. 나는 기관의 친선대사와 같은 역할을 잘 수행하고 있는가?			
10. 나는 이사회를 섬기기 위해 좋은 경험을 제공하고 있는가?			
11. 나는 연간 이사회 회의의 75%이상을 참석하고 있는가?			
12. 다음의 질문에 짧게 답하시오. a. 이사회가 더욱 생산적이고 만족스러워지려면 기관이 무엇을 하면 좋겠습니까? b. 위의 역할을 위해 나는 무엇을 하면 좋겠습니까?			

The Handbook of Nonprofit Governance(2010). BoardSource. Jossey-Bass. p.270

〈모아모아〉의 팀장이 된지 3년이 흘렀다. 그러던 어느 날이었다. 본부장으로부터 한통의 문자가 왔다.

"나팀장, 나 지금 글로벌 주류회사 〈발렌타인데이〉에서 거액의 기부금 협의마치고 나오는 길이야. 일주일 뒤에 기금 전달하러 온다니까 전달행사 준비 좀 서둘러줘."

거액의 기부금이라니. 가뜩이나 기업모금이 불안한 상황에서 단비가 아닐 수 없다. 그런데 술을 파는 주류회사의 거액 기부금은 나갈길로 하여금 과거의 한 장면을 회상시켰다. 〈에코개코〉에서의 경험이었다. 〈에코개코〉의 재정이 악화되었을 때 당시 사무총장은 환경파괴 기업으로 〈에코개코〉가 선정했던 바로 그 기업의 기부금을 받을 것인가를 고민하다 재정압박을 견디지 못한 나머지 결국 받게 되었고 이는 〈에코개코〉의 신뢰성이 훼손되는 결정적 원인이 되었었다. 〈모아모아〉가 그 우를 또 다시 범한다면 〈모아모아〉의 추락은 불을 보듯 뻔한 것이기 때문이었다. 나갈길은 '부적절한 기금'을 받게 되면 조직의 신뢰는 추락하게 된다며 본부장에게 문자를 보냈다.

"본부장님, 이번에 재고해주시면 안되겠습니까? 기업 성향으로 볼 때 우려됩니다."

"나팀장, 주류회사가 범죄집단은 아니지 않나? 그 기금을 거절할 이유는 없네. 나 지금 바쁘니까 더 문자 보내지 말게."

"그런데 본부장님, 술/담배를 판매하는 회사의 기금을 사회복지기관에서 받는다는 것이 저는 이해가 되지 않습니다."

"무엇이 문제라는 거지? 다 법과 규제를 준수하는 기업체 아닌가? 우리는 그 돈을 받아서 소중한 곳에 쓰는 것뿐이야. 그게 우리의 사명 아니던가?"

"준법적인 회사라도 사회에 해악을 끼치는 회사는 안 된다고 봅니다."

"무엇이 해악이라는 거지? 우리가 정의를 주장하고 누군가를 비판하는 사명을 가진 시민단체라도 된다는 말인가?"

"본부장님, 그러면 카지노를 운영하는 도박회사의 돈은 받으시겠습니까?"

"도박회사는 곤란하지 그건 사회통념상 문제가 있지 않겠어?"

"술/담배 회사는 되고 도박회사는 안 된다는 본부장님의 기준이 무언지 모르겠습니다."

"나팀장, 극단적인 예는 들지 말게. 도박회사는 전혀 다른 이야기지."

"그럼, 회계부정을 저지른 회사는 받으실 겁니까? 혹은 어떤 회사의 CEO가 성추문을 저질렀다면 그 회사의 돈은요? 탈세나 횡령을 한 회사는요? 잘못에 대한 법적 책임을 다 졌다면 그걸로 다 된 건가요?"

"나팀장, 더 이상 말꼬리 잡지마. 나 지금 회의 중이야. 이따 사무실 들어가서 얘기해!"

나갈길은 기준이 궁금해졌다. 어떤 기부금을 받고 어떤 기부금은 받지 않을 것인가? 절대적인 기준은 존재하는 것인가? 과거 〈에코개코〉에서의 교훈이 다시 오버랩되었다. 당시 나갈길의 결론은, 단체의 윤리적 기준은 그 단체 스스로가 만들어야 한다는 점이었다. 단체의 미션에 부합하는 윤리규범을 통해 어떤 기부금은 받고 어떤 기부금은 거절할 것인지를 판단해야 한다고 다시 한 번 확신하게 되었다. 그것은 〈에코개코〉에서 경험했던 혼돈을 피할 수 있는 유일한 길이라고 그는 믿었다.

[기관 윤리] 기부금 접수 정책 (Gift Acceptance Policy)의 예

-기부자(기부금)의 성격에 따른 접수 여부를 문서화한 정책-

(ORGANIZATION)

GIFT ACCEPTANCE POLICY

I. Purpose

(Organization) shall have a gift acceptance policy that requires review of any non-standard contributions.

II. Gift Acceptance Policy

The Board of Directors of (Organization) has adopted the following rules for accepting gifts.. The Board of Directors reserves the right to change or modify the Gift Acceptance Policy on behalf of (Organization) at any time. All gifts must be recognized as supporting the mission: *(Mission Statement)*

☆ The Board of Directors of (Organization) subscribes to the Donor Bill of Rights (which is attached to this document).
☆ The Board of Directors solicits and accepts cash, checks and securities on behalf of (Organization) The Board has the right to refuse any contributions of the above if deemed inappropriate or problematic based on the Board's decision.
☆ The Board will only accept gifts with a charitable intent.
☆ The Board of Directors will abide by the wishes of the donor in restricting or designating a gift.
☆ Securities received by (Organization) will be sold immediately upon receipt. Gifts of securities will be acknowledged at the value received into the organization's account on the day as received. Funds will be deposited into (Organization)'s operating cash account, unless designated or restricted by the donor or the Board.
☆ Gifts-in-kind will be valued by the donor for tax purposes. The gifts will be acknowledged by (Organization) with a formal letter without valuation.
☆ Non-cash gifts such as property, art work, vehicles, etc. will be accepted only if they can be converted to cash or of use in another manner by (Organization).
☆ Gifts received through wills and bequests will be deposited into accounts designated by the Board of (Organization). The Board of Directors will determine the use of such funds, unless restricted by the donor.
☆ All gifts will be acknowledged within a reasonable amount of time, and signed by the appropriate representative of (Organization).
☆ Donor information is maintained (Organization) and these records are confidential and will not be used by, or sold to any other organization.
☆ The Board of Directors guarantees that all solicitation activities conform to federal, state and local laws.
☆ (Organization) reserves the right to seek advice from legal counsel if necessary.

Date

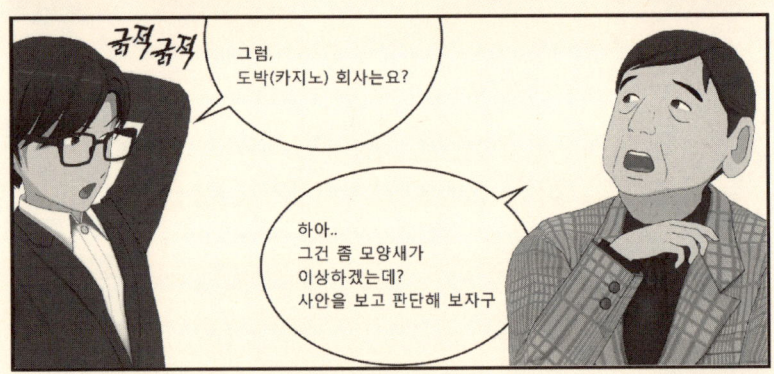

더 넓은 세상 속으로

　기업의 사업계획과 예산은 기업마다 다르지만 보통 여름이 지나면 사업에 대한 평가가 시작되어 다음해의 사업계획과 예산 논의가 착수된다. 특히 연말을 위시로 해서는 확정안에 가까운 구체적 방안들이 논의되고 결정되므로 모금기관에게는 중요한 때가 아닐 수 없다.
　기업의 지원을 얻기 위해서 제안서 작성이 중요한가, 아니면 관계성이 중요한가는 해묵은 논쟁의 주제였다. 마케팅 회사 〈파라파라〉에서의 경험을 매우 중요시 했던 나갈길은 마케팅 이론으로 기업을 분석해 놓은 여러 가지 개념도와 통계표 등을 통해 '완벽한 수준의 제안서'를 작성하는 것이 기업 모금의 성공확률을 높이는 방법이라고 봤다. 반면 제안서의 완성도보다는 기업과의 관계성이 더욱 중요하다고 보는 반대의 시각은 박진정의 것이었다.

이 둘의 관점은 오랜 기간 동안 서로의 차이를 드러내는 중요한 부분이었다. 나갈길은 일상적인 관계관리의 중요성을 부정하는 것은 아니나 문서의 완성도가 보장되지 않은 상태로 기업을 만나는 것은 무의미하다고 봤던 반면, 박진정은 기업과의 관계성이 전제되지 않은 상태에서의 제안서는 신뢰성을 기초로 하지 못한 것이므로 휴지조각이나 마찬가지일 거라는 관점이었다. 이제 〈모아모아〉도 곧 기업모금의 단계로 접어들어야 할 만큼 성장했는데, 박진정과의 이러한 이견은 나갈길에게는 불편한 걸림돌이 되었다. 나갈길은 오늘 박진정을 설득한 후 박본부장에게 기업모금 착수에 대해 건의하려고 했다.

"박진정, 문서는 우리 기관의 얼굴이야. 기업을 분석하고 그에 맞는 제안사항을 잘 정리한 문서도 없이 기업을 만날 수는 없어. 그런 제안은 신뢰도나 설득력이 떨어진다구."

"아니지 나갈길. 실제 현장은 달라. 그런 번듯한 문서를 기업에서 검토한다고 해서 그들의 의사결정이 한 번에 처리되는 건 아니거든."

"이 표를 봐봐. 기업들이 좋은 일을 하려는 이유는 사회적 책임을 이행하거나 회사의 이미지를 좋게 하기 위해서라구. 그러니까 어떻게 하면 사회적인 책임을 이행할 수 있고, 어떻게 하면 회사의 이미지를 좋게 할 수 있는지를 문서로써 보여주는 것이 필요하다는 말이야."

기업이 기부(사회공헌활동)를 하는 이유

사회공헌활동 추진 이유	사회복지공동모금회 조사	아름다운재단 조사
사회적 책임 이행	33.6%	17.49%
회사의 이미지를 높이기 위해	21.2%	16.59%
소외계층을 돕기 위해	21.2%	16.59%
사회발전에 대한 책임감	21.2%	-
직원들의 내부단합	-	16.59%
영업실적 증가	-	15.25%
기타, 무응답	2.4%	17.49%

*사회복지공동모금회는 137개, 아름다운재단은 223개 기업 대상 조사 실시
한국의 기부문화와 성공적인 모금사례. 사회복지공동모금회; 기업기부 활동의 현황과 과제. 문형구. 재편집

"자료준비 참 많이 했네.. 갈길아, 이 표를 보니 내 생각에 더 확신이 든다. 각 대답들의 퍼센트 차이를 살펴봐. 서로 별 차이가 나지 않아. 이게 뭘 뜻 할까. 회사라는 곳은 말야, 다양한 욕구로 구성되어 있어. 어떤 한 가지 욕구만으로 구성되어 있지 않아. 그 한 가지 욕구를 채워줄 수 있는 문서가 있다 해도, 회사라는 곳은 그렇게 쉽게 움직이는 단순한 조직은 아냐."

"그럼 니 관점에서는 어떻게 해야 하는데?"

"니가 신뢰도나 설득력을 거론했는데 오늘 내가 그걸 설명해 줄게. 잘 들어봐."

"늘 잘 듣고 있어."

"처음에는 사회공헌 부서의 담당자부터 접근하는 거지. 살살 만나면서 관계가 구축이 되면 자기 업무상의 고민을 말하게 될거야. 그때 그들이 필요로 하는 아이디어나 자료를 제공해 주는 거야. 그러면 업무에 도움이 됐다고 생각할거야. 그리고 시간이 흐른 후 우리를 찾을 때가 온다구. 그때를 기다리는 거야."

"진정아! 나 좀 웃어도 되니? 핧핧핧핧! 그건 너무 순진한 생각이야! 그렇게 신뢰도를 쌓아가겠다고? 푸하하하! 그들의 연락을 기다린다고? 그들이 필요로 할 때마다 자료를 다 줘가면서? 우리 박여사님 너무 순수하시네요... 그리고 말야, 우리는 그렇게 한가하지 않아. 성과도 바로 나지 않는 그런 일상적인 만남을 위해 우리 시간과 노하우를 다 제공하고, 게다가 또 연락이 올 때까지 잠자코 기다리라는 말야? 오 지져스!"

"오바하지마, 나갈길. 너 관계관리 알고 있잖아? 모금은 마치 경작과 같아. 밭일구고 씨뿌리면서 과실이 열릴 때까지 잘 관리해 가는 거야. 시간과 노동이 걸려. 거기엔 왕도가 없어."

"진정아, 진정하고 들어봐. 나도 기부자 관리가 중요하다고 생각하는 사람이야. 단, 기업모금에 왕도가 없을진 몰라도 시간을 줄이는 방법은 있다는 게 나의 신념이야. 난 지금 그걸 하려는 거야!"

"노노. 신뢰가 없으면 큰 것을 얻어낼 수 없어. 현장에 한번 나가 봐. 모금이 단 번에 되는 거라면 왜 많은 사람들이 그 고생을 하겠어?"

"잘 알았어. 진정이 니 말이 백번 옳다고 해도 한 가지 의문이 생긴다. 기업을 만날 때 사회공헌 담당자를 만나라고 했지? 담당자가 하급자면 어떻게 하지? 하급자를 만나는 건 효과가 없잖아? 그들에게 제안서를 주면 상부에 보고조차도 잘 안 된다는 거 너도 알고 있잖아?"

"나갈길, 솔직한 내 생각은 이래. 관계를 시작할 때 하급자로 시작할 수밖에 없는 건 맞어. 한 번에 높은 사람을 만날 수는 없으니깐. 하지만 그 관계가 무르익으면 점점 상급자들도 만날 수 있다구! 우리에 대한 신뢰가 쌓이면 자연스럽게 상급자들도 우리에게 소개시켜주거든. 본부장을 만나게 해준다던가 주요 책임자 앞에서 사업설명을 피티로 해보라는 식의 기회도 얻게 된다구. 이런 일이 문서 하나로 한방에 되진 않어. 절대적인 시간과 노력이 투입될 수밖에 없다는 말이야."

"흠.. 그래. 오케이 오케이 박진정. 이번은 니 말에 설득력이 있다고 인정할 수밖에 없겠다. 하지만 오해하지는 마. 그렇다고 해서 문서의 중요성을 경시한다는 뜻은 절대 아니니까. 내가 가진 생각에 니 생각을 합쳐서 일을 추진해 보고 싶네. 너도 문서의 완성도가 무의미하다는 건 아니잖아? 그렇지?"

"응. 문서의 완성도가 무의미하다는 게 아니라 관계와 신뢰가 전제되지 않으면 큰 효과가 없다는 뜻이었어. 이젠 확실하게 이해했니?"

"그래. 확실히 이해했다. 그러니 니가 말한 관점을 토대로 해서 다음

제안서의 요약을 담은 커버레터
- 해당 프로젝트의 요약 및 비용, 기부의 유익함을 기술

제안기관의 간단한 소개
- 강점과 장점을 중심으로 기술

문제기술 및 필요성 설명
- 프로젝트를 통해 현 상황을 어떻게 해결해 갈지에 대해 기술

목표 및 목적, 성과물
- 장/단기적으로 목표하는 목적지와 결과에 대한 비전 기술

사업방법
- 프로젝트의 활동 설명(어떤 식으로 운영되며 왜 제안하는 방법이 최선의 방법인지 중심으로)

사업평가
- 프로젝트의 목표, 목적, 성과를 어떻게 측정하고 보여줄 것인지 설명

사업예산
- 프로젝트의 지출과 수입 설명

*별첨
- 조직의 법적 근거(해당기관만)
- 이사회 명단(혹은 유사한 운영기구 명단)
- 최근 조직의 예산
- 전년도 조직의 결산

Nonprofit Kit For Dummies, 2nd Edition(2006). Stan Hutton, Frances Phillips. Wiley Publishing, Inc. P275, P284 재편집

프로포절을 작성해 보자구. 오케이?"

"그래. 오케이!"

박진정은 하나의 충고를 덧붙였다. 관계성과 신뢰도의 관점에서 볼 때 한 가지 중요한 것이 또 있다는 것이다. 즉, 중하반기에 기업을 만나 무언가를 제안한 후 다음해의 사업계획에 반영이 되었다고 해서 안심할 수는 없다는 것이다. 다음해가 되어 실제 실행에 들어갈 때 기업과 함께 하는 수행 기관이 〈모아모아〉가 아닌 다른 기관으로 예고 없이 교체될 수도 있기 때문에 그렇다는 것이다. 따라서 기부제안을 할 때도 왜 〈모아모아〉와 함께 해야만 하는지를 기업에 잘 설명할 수 있어야 하고 동시에 사업의 실행단계 직전까지도 지속적으로 관리해주는 정성이 필요하다는 것이 박진정의 말이었다.

어쨌든 기업을 대상으로 한 모금은 언제나 불안 요소가 존재한다. 〈모아모아〉에 매년 기부하는 기업이라 해도 내년을 100% 확신할 수는 없는 일이다. 기업이란 이익을 위해 입장을 바꿀 수 있는 곳이기 때문이다. 예를 들어, 기업의 자금사정이 악화되었다거나, CEO(혹은 오너)의 마음이 바뀌었다거나, 더 좋은 사회공헌 프로그램을 표방한 자선단체가 나타났다거나, 이런 식의 변수가 늘 존재한다.

그러나 최근의 기업동향은 그를 더욱 불안하게 만들고 있다. 무엇보다 기업의 직접 사업이 눈에 띄게 증가했다. 〈모아모아〉같은 자선단체를 거치지 않고 직접 사업주제를 정하고 지원대상자를 직접 발굴해 관리하는 것이다.

비슷한 맥락에서 기업재단이 급속히 설립되고 있는 점도 큰 위기다. 〈모아모아〉와 같은 모금단체의 입장에서 보면 자신의 영역을 차차 빼앗기고 있는 것이다. 위기는 이 뿐만이 아니다. 국가 간의 국경이 허물어졌다는 말처럼, 국내로 투입되어야 할 기업 기부금이 해외로 빠져나가는 것도 있다. 우리나라의 기업들은 어느새 한국 기업이 아니라 글로벌 기업이 되었기 때문

기업재단의 년도별 설립현황

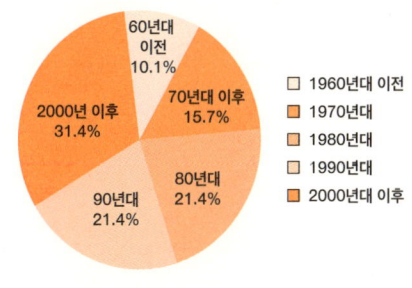

설립년도	재단 수
1960년대 이전	7
1970년대	11
1980년대	15
1990년대	15
2000년 이후	22
계	70

2012 기업.기업재단 사회공헌백서. 전경련

에 부지불식간에 국내에 쓰여질 사회공헌 예산이 해외로 책정되는 양이 점점 증가하고 있다. 기업모금은 분명 도전받고 있다. 새로운 전략을 찾아야만 한다고 나갈길은 생각했다.

  기업모금의 위기요인을 하나하나 따져보기로 했다. 기업이 전담팀을 통해 직접사업을 시도한다거나 기업재단을 별도로 설립하는 경향은 전 세계적인 현상이니 불가피한 것이다. 어떤 면에서 보면, 자선시장 내에서 비영

리조직과 기업이 경쟁을 하는 구도가 펼쳐질 수도 있다. 그렇다고 기업과 경쟁을 한다는 것은 말이 안 된다. 그들은 비영리조직의 큰 고객들이 아닌가. 그렇다면 〈모아모아〉가 나갈 길은 무엇일지 나갈길은 고민했다.

새로운 환경변화에 따라 조직을 체계적으로 재정비 하는 것이 선행되어야 한다고 나갈길은 바라봤다. 조직을 새롭게 정비하여 변화된 환경에 효과적으로 대응하고자 하는 것이 그의 판단이었다. 지금까지 〈모아모아〉의 주요 기부자는 개인이었다. 따라서 조직의 모든 직제 체계도 개인 기부자 모금사업에 맞춰져 있었다. 그러나 기업모금은 그 사업모델의 특성이 개인모금과 상이하기에 〈모아모아〉의 직제 체계도 변화를 주어야만 했다. 특히나 기업의 변화무쌍한 움직임에 대응하기 위해서라도 사무국의 변화는 불가피한 측면이 있었다.

기존의 모금팀은 모금기획, 모금사업, 기부자 관리 등 기능별로 구분되

모금팀의 기존 직제(순차적 기능 기준)

팀	파트	직무내용
모금팀	모금기획	시장조사, 모금기획, 전략수립
	모금사업	일상적인 요청/영업 행위, 각종 캠페인 수행, 거리모금, 전화모금, 우편모금, 고액모금, 기업모금
	기부자관리	기부자 전산관리, 소식지 발송
	기타(이벤트 등)	이벤트 모금, 기타 프로젝트 수행

어 있었다. 이 구분법은 모금이라는 거대한 직무를 순차적으로 구분해 놓은 개념이었다. 즉, 모금 일련의 과정을 시작부터 종료까지 나열한 것과 같은데, 모금기획 -> 모금사업-> 기부자 관리 등의 사업순서를 직제로 옮겨 놓은 모양새였다. 이 직제의 특성은, 어떤 모금상품(혹은 모금캠페인)이라도 이 순서를 적용해 적은 인력으로 신속하게 일처리를 할 수 있다는 점이었다.

그러나 나갈길은 전통적인 이 직제를 보며 대량생산 공장을 떠올렸다. 각 상품이나 캠페인의 특성이 충분히 반영되지 못하는 구조 때문이었다. 모든 모금을 단순하고도 획일화된 과정으로 적용한다는 것은 분명 문제가 있었다. 가령 개인모금이나 기업모금의 특성은 이 직제에서는 반영되기 힘들었다. 모든 모금사업의 일련의 과정에서 공통적으로 발견되는 업무흐름을 파트로 구분해 놓은 체계였기 때문이었다. 기존 직제에 문제의식을 가진 나

나갈길의 새로운 직제개편안(캠페인 특성 기준)

팀	파트	담당자	직무내용
모금팀	개인모금	고액모금 담당자	고액기부, 유산기부 등
		소액모금 담당자	소액정기후원 캠페인, 거리모금, 전화모금, 우편모금, 이벤트모금, 자영업자 캠페인 등
	기업모금	직장인모금 담당자	급여 나눔 직장인캠페인
		법인모금 담당자	법인기부, 행사후원, CRM 등

갈길은 새로운 직제를 박본부장에게 건의했다.

모금 캠페인에 따른 구분이었다. 그는 먼저, 모금팀을 개인모금 파트와 기업모금 파트로 분류했다. 그 둘은 사업모델과 그 실행단계가 전혀 다르다는 이유에서였다. 그리고 개인모금 파트를 다시 고액모금과 소액모금으로 구분했다. 한편 기업모금 파트는 직장인모금과 법인모금으로 구분했다. 이에 따라 업무분장도 새롭게 적용됐다. 나갈길은, 기존의 모금팀 체계는 기부자의 입장에서 고려된 것이 아니라고 봤다. 현재의 체계는 기부자의 입장에서 그들의 편의가 고려된 체계라고 확신했다.

"나팀장, 의욕적인 것 좋지만 이렇게까지 모든 것을 바꿔야 하나? 직제를 개편하는 건 조직으로서는 보통일이 아닌데."

"네. 알고 있습니다. 본부장님. 그런데 팀직제를 개편하지 않고서는 새로운 모금사업을 시도하기가 어렵습니다."

"나팀장, 기능별로 구분한 우리 모금팀의 체계는 아주 오랜 전통을 가지고 있어. 전통으로 자리 잡힌 것에는 다 그럴만한 이유가 있었기 때문이야."

"본부장님, 이제 우리 조직도 하나의 모금모델에만 의존하는 것에서 탈피해야 합니다. 다양한 캠페인을 수행하는 기관이 되려면 이러한 캠페인별 분류가 현재 모금팀에 필요한 시점이라고 생각합니다."

"(절레절레) 이건 아무리 봐도 생소해.. 걱정이 앞서.."

"본부장님!!"

"나팀장, 자네의 적극적인 자세는 좋네. 그런데 기업모금 파트를 직장인모금과 법인모금으로 나눈다는 것은 불필요한 세분화 아닌가? 어차피 기업과 함께 일하는 건 매한가지인데 그걸 왜 또 나누려고 하는지 모르겠어."

"본부장님, 기업모금의 직무야말로 그렇게 나눠야 합니다. 기부자 그룹의 특성과 모금사업의 성질이 전혀 다르기 때문입니다. 이미 기업모금이 발달한 미국의 〈시시콜콜〉에서도 이런 식의 팀체계를 적용하고 있습니다."

"나팀장, 남의 나라 얘기는 하지 말게. 그리고 꼭 그래야만 한다면 직장인모금은 개인모금에 합쳐져야 맞는 것 아닌가?"

"직장인모금은 개인한테 모금하는 것이지만 개별적으로 접촉하는 것은 아닙니다. 기업과 모금단체가 협약을 통해 풀어가는 조직적인 차원의 것입니다. 그런 면에서 직장인모금은 개인모금이 아니라 B2B모금입니다. 그러니 직장인모금은 기업모금에 속해야 합니다."

"너무 단정적인 거 아닌가. 직장인모금이란 게 B2B적인 특성도 있지만 개인모금적인 특성도 혼재되어 있는 건데. 이부분 차후에 다시한 번 검토해보게."

"네, 알겠습니다. 그런데 본부장님. 법인모금이라 함은 기업 법인 돈을 모금하는 것을 뜻하지 않습니까? 이러한 특성을 살펴볼 때, 모금의 대상이 '기업'일 경우와 '직장인'일 경우는 기부자로서의 특성이 꽤 다르기 때문에 우리가 채워 줘야하는 그들의 욕구에도 차이가 있다는 겁니다. 그래서 같은 기업모금 파트지만 구분이 필요한 겁니다."

"나팀장, 다 알겠네. 근데 말야, 기존의 기부자 관리 파트를 없애는 건 어떤 의도인가? 기부자 관리를 하지 말자는 건 아닐테고.."

"본부장님, 맞는 지적이십니다. 그런데 이런 체계에서는 기부자 관리는 별도의 파트보다는 모든 파트와 담당자가 그 일을 겸하는 것이 어울린다고 생각합니다."

"나팀장, 그건 아니야, 그건 문제가 있어.. 하다못해 기부자들에게 매월 발송하는 소식지는 누가 보내려고?"

"소식지는 기부자 데이터나 프로파일링에 기초하지 않은 단순관리니까 홍보업무에 가깝다고 봅니다. 홍보팀에서 해야죠. 정말 기부자 관리를 말씀하시는 거라면 그건 모든 모금팀이 자기 맡은 기부자들을 각자 관리해야 합니다."

"그건 너무 이상적인 것 아닌가. 나팀장."

"저희가 하는 관리가 현 단계에서는 대단한 것은 없다고 봅니다. 이렇게 운영해보다가 사업이 잘되고 기부자가 늘어나서 관리의 문제가 대두된다면 그때 관리팀을 신설하는 게 어떨까 합니다."

"그럼, 기부자 관리는 중요하지 않다는 얘긴가? 나팀장?"

"본부장님, 절대 아닙니다. 저는 누구보다도 기부자 관리가 중요하다고 보는 사람입니다. 오히려 팀의 모든 구성원이 각자의 기부자를 열심히 관리해야한다고 주장하는 입장입니다. 다만 그 일이 가시적으로 많아지는 시점을 보면서 기부자 관리 부서를 신설하는 순서를 가지자는 겁니다."
"흠.."

나갈길의 과감한 개편안을 본부장은 백퍼센트 확신할 수 없었지만 〈모아모아〉의 사업을 총괄하는 박본부장 입장에서도 어떠한 돌파구가 필요한 시점이었다. 그러기에 본부장은 나갈길의 제안을 수용해 보기로 했다.

새로운 팀 직제로 바뀐 후 나갈길은 기업모금을 구상했다. 이제 〈모아모아〉는 전통적인 개인모금 중심에서 기업모금으로 사업을 확장할 때라고 판단했다. 나갈길은 기업에 제안할 기부상품 구상을 시작했다. 사회가 필요로 하고 기업이 선호하는 교집합의 주제를 기부와 연결시켜서 제안하는 것, 그것이 그가 생각한 기부상품이었다. 수일간 모금팀의 전략회의가 개최됐다. 기업에 제안할 상품을 고안하기 위해 수많은 아이디어들이 검토되었다. 그때 한 팀원이 나갈길에게 질문했다.

"팀장님, 그런데 기부상품의 정확한 정의가 뭔지 갑자기 헷갈리는데요."
"어 한대리, 말해봐. 뭐가 궁금한데?"
"우리가 기부상품이라 표현할 때, 혹은 다른 말로 모금상품이나 기

> 참조

United Way의 직장인 급여기부 캠페인 (Work Place campaign) 단계

[시작]
↓
해당 지역 United Way의 담당직원과 함께
회사 모금캠페인 출범식 날짜 결정
(캠페인 시작 약 4-6주 전)
↓
코디네이터(기업내 담당자) 토론회 참가
↓
United Way의 담당직원과 함께
회사 모금캠페인 목표액 설정
↓
회사 내부에서 코디네이터를 도와
캠페인을 진행할 모금대사(협력자) 선정
↓
United Way의 담당직원이 모금대사 등을
교육할 날짜와 시간 선정
(캠페인 시작 약 2-3주 전)
↓
United Way의 활동을 지지하고
모금참여를 독려하는 내용으로
해당 기업 CEO(혹은 임원) 명의의
편지를 직원들에게 발송
(캠페인 시작 약 1주 전)
↓
직장 동료 대상 캠페인 교육 시작
United Way로부터 제공받은 자료 활용.
(캠페인 시작 최소 1주 전 시작)
↓
캠페인 출범식
↓
캠페인 기간에 회사의 열정을 유지시키기
위해 2-3일에 한 번씩 모금 성과를
이메일을 직원들에게 발송
↓
→

[종결]
↑
기부자들에 대한 감사인사 및
성공적인 모금 축하 파티 진행
↑
해당 기업 CEO의 모금캠페인 종료 선언
↑
United Way에 제출할 결과보고서
준비 및 기부약정서 취합봉투 발송
↑
기부약정서와 기부자정보를
회사의 담당자에게 전달
↑
기부약정서와 기부자정보 취합 후
보고서 및 기부약정서 취합봉투 준비
↑
CEO의 이메일 발송을 통해
기부약정서 제출 재차 독려
(캠페인 종료 3일 전)
↑
동료 직원들에게 자원봉사 참여
기회 제공(shareyourself.org 활용)
↑
동료 직원들에게 United Way를
더 잘 알 수 있는 기회 제공
(예: United Way에 요청하면
회사에 방문할 강연자 제공)
↑
모금대사를 통한 기부약정서 배포 또는
온라인 기부 캠페인 참여 독려
(직장동료 대상 캠페인 교육을
실시한 지 약 1주 후)

기부향기는 매콤한 페퍼로드를 타고(2008), 김누리, 아르케. 재편집부 프로그램이라고도 하는데요.. 그게 그러니까 지원 프로그램을 뜻하는 건가요, 아님 돈을 걷는 프로그램을 뜻하는 건가요?"

"응? 나도 헷갈린다야. 풀어서 설명해줄래?"

"아이.. 저도 설명하기가 참 어렵네요.. 그러니까 가령, '백혈병 어린이를 도웁시다'라고 할 때, 그들을 돕는 지원 프로그램이 곧 기부상품이 되는 거잖아요? 그런데, '기업 매출의 0.1%를 기부합시다'라고 하면 돈을 걷는 프로그램이 곧 기부상품이 되는 거구요. 둘 중 뭐가 기부상품이 되는건가요? 어떨 때는 이 두 가지가 서로 충돌하거나 중복될 때도 생겨요. 이를테면, 기업 매출의 0.1%를 걷은 돈으로 백혈병 어린이를 도울 수도 있으니까요. 이렇게 된다면 기부상품의 포트폴리오가 뒤죽박죽 될 거 같다는 생각이 갑자기 들었거든요. 아 헷갈려.."

"아.. 한대리, 그건 말야. 두 개 다 필요해. 다만 우리가 기부상품이라고 말할 때는 지원 프로그램을 뜻하는 거지."

"팀장님, 그럼 아까 제가 예를 들었던, 기업 매출의 0.1%를 기부하자는 건 기부상품이 아닌가요?"

"그건 엄밀하게 말하면 기부상품이 아니라 캠페인이지, 캠페인. 매출의 몇 프로를 내자거나, 급여의 얼마를 내자거나, 1천만원 이상의 고액기부를 하자거나, 유산을 기부하자는 것 등등.. 즉 돈을 걷는 방식을 표현한 것이기 때문에 캠페인으로 불려야 해."

"아!"

"우리에게 상품이란 사회문제(아젠다)를 일컫는 거야. 기부금을 투입할 때 변화되는 대상을 일컫는 거야. 그런데 기업의 매출의 몇 프로를 기부하자! 이런 거는 기부의 방식을 말하잖아? 그러니까 그런 건 상품이라기보다는 캠페인이 되는 거지."

"팀장님. 정말 그런 거 같아요! 우와, 정리가 완전 됐어요!!"

"너무 엄격하게 구분할 필욘 없어.^^ 다만 기부자가 혼란스러워하지 않으려면, 이런 개념정리를 통해 포트폴리오를 잘 구성할 필요는 있을 거야."

"네. 팀장님!"

"그럼, 이제 난 제안서를 쓸테니 한대리가 우리 〈모아모아〉의 포트폴리오를 내일까지 정리해주겠어?"

"넵! 팀장님!!"

나갈길이 새로운 직제를 주장하며 여러가지 변화를 주장했지만 자기 스스로도 그것이 정답이라고 확신할만한 근거는 없었다. 다만 그가 확신하는 것은 하나였다. 더 넓은 세상으로 떠나기 위해서는 과거의 방식을 고집해서는 안된다는 것, 끊임없이 깨어서 늘 변화를 시도해야 한다는 것, 그것이 두려워서 안주하는 것보다는 설령 실패하더라도 배울 점이 있을 것이라는 것, 그것이었다. 나갈길이 걸어온 길은 그러한 교훈을 그에게 선물해 주었다.

모금의 비밀을 담은
나팀장 보고서

오늘밤 나갈길은 과거를 돌아보았다. 사회는 변했고 상황은 달라졌다. 나눔문화가 우리 생활 속에 자리 잡았지만 비영리단체가 풍요로워진 것만은 아니다. 복잡한 생각들이 교차했다. 그는 모금을 위해서 무엇을 어떻게 제시해야 하는가에 대한 답을 정리해 가고 있었다.

그가 겪어왔던 수많은 시행착오들은 어느덧 교훈이 되어 그의 머릿속에 자리 잡아 가고 있었다. 그것은 마치 퍼즐이 맞춰지는 듯한 신비한 움직임이었다. 완성된 그림을 위한 마지막 퍼즐이 오늘 밤 안으로 채워질지에 대해서 그는 자신하지 못했다. 그러나 오늘밤이 지나고 내일이 오면, 새로운 팀체제와 잘 정돈된 포트폴리오를 가지고 더 넓은 바다로 나가야 한다.

나팀장이 쓰고 있는 것은 보고서였다. 지금까지 그의 모든 경험과 시행착오를 추려낸 이 보고서는 〈모아모아〉의 미래를 걱정하는 모든 직원들을 위한 것이다. 그리고 우리 사회 비영리조직들의 미래를 위한 보고서이기도 하다. 나아가 기업과 정부, 그리고 비영리조직이라는 세 개의 축이 상생하며 사회적 가치를 이루어 가는 첫 걸음이 되기를 그는 기도했다.

늦은 밤,
그의 혼신이 담긴 〈나팀장 보고서〉는
이렇게 작성되고 있었다.

달을 향해 나아가라

달에 미치지 못하더라도

별들 사이에 있게 될 것이다.

진 시몬즈

<나팀장보고서>는 계속됩니다

지은이 이재현

이재현은, 시민단체 경실련을 시작으로 마케팅 회사, 대한상공회의소, 사회복지공동모금회, United Way Worldwide의 경험을 가진, 나팀장 보고서의 실제 주인공이다.

특히 최근 6년간, 연간 5천억원을 모금하는 국내 최대의 모금기관 사회복지공동모금회(사랑의열매)에서 직원교육 및 해외교육을 담당하면서 `명품교육`을 만들기 위한 계획에 착수했고 지금의 <나팀장 보고서>의 시발점이 되었다.

현재 그는, 연간 약 50억불(약 5조원)을 모금하는 세계 최대의 모금기관, United Way Worldwide(세계공동모금회)의 유일한 한국 직원(Director, 국장)으로서 한국과 아시아태평양 지역에 선진 교육 컨텐츠를 전파하는 일을 하고 있다. 대학에서는 경영학을, 대학원에서는 국제정치를 전공했고 딸을 사랑하는 40대의 꽃중년이다.

EMAIL npo@nposchool.com / BLOG www.nposchool.com